Couverture inférieure manquante

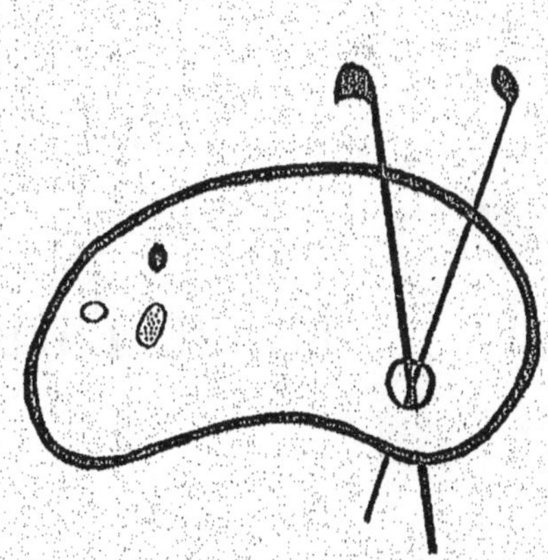
DEBUT D'UNE SERIE DE DOCUMENTS
EN COULEUR

NOTICE GÉNÉALOGIQUE

RECHERCHES SUR LES ASCENDANTS

DE MA FILLE

Marie-Thérèse Bresson

PARIS-AUTEUIL
IMPR. DES APPRENTIS-ORPHELINS, ROUSSEL
40, RUE LA FONTAINE, 40.

—

1889

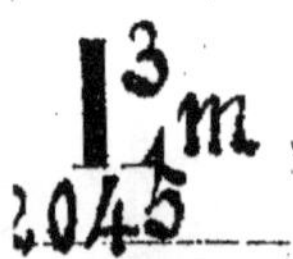

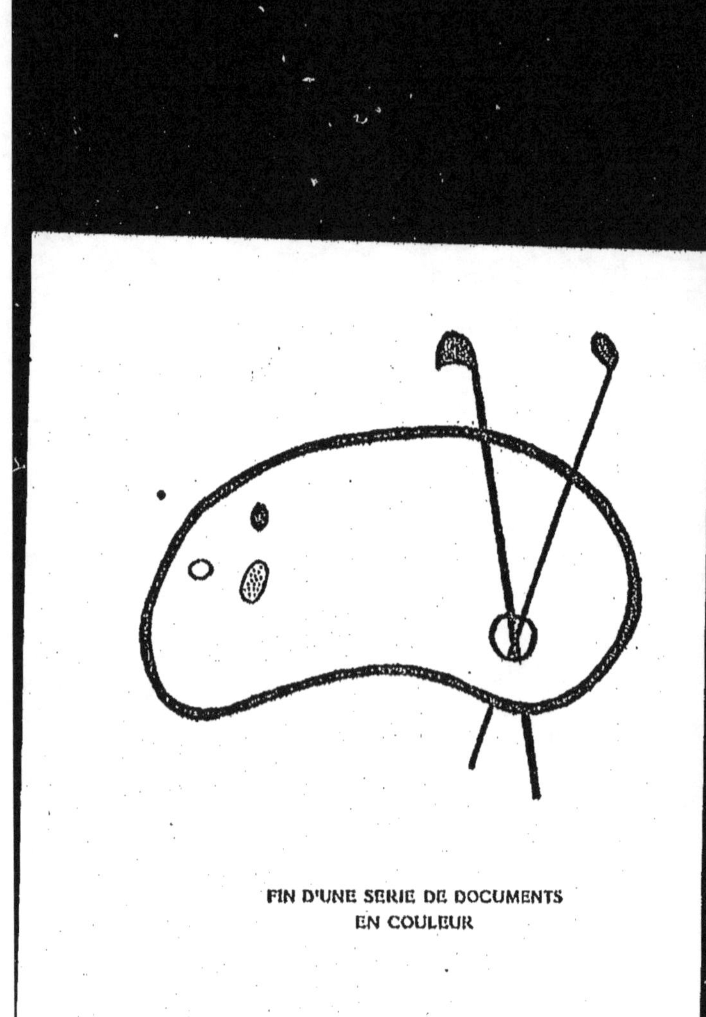

FIN D'UNE SERIE DE DOCUMENTS
EN COULEUR

ESSAI

DE

GÉNÉALOGIE ASCENDANTE

comprenant la recherche de tous les ancêtres

DE

MARIE-THÉRÈSE BRESSON

fille de Henri Bresson et Alice Ruaulx de la Tribonnière

ET ACCOMPAGNÉE DE TABLEAUX
REPRÉSENTANT SA PARENTÉ AVEC PLUSIEURS FAMILLES
DONT LES DESCENDANTS SONT ACTUELLEMENT VIVANTS

PAR

HENRI LÉON BRESSON

PARIS-AUTEUIL
IMPRIMERIE DES APPRENTIS-ORPHELINS, ROUSSEL
40, RUE LA FONTAINE, 40.

1889

INTRODUCTION

« Généalogie (du grec γενεαλογια, traité de génération) « étude et connaissance de l'origine et de la filiation des familles. » (*Dictionnaire de Littré.*) On remarquera que ce mot, tiré tout entier du grec, n'est pas de création moderne et existait dès cette époque avec la signification actuelle (1).

Mais on peut, dans une étude généalogique, se proposer deux buts différents, quoique analogues : le premier, rechercher les ascendants d'un individu de père en père, en s'attachant uniquement au nom qu'il porte, puis *descendant* dans toutes les branches de cette famille, apprendre à connaître tous ceux qui ont porté le même nom que lui ; le second, tâcher de remonter à tous les ancêtres dont un individu descend, en poursuivant la filiation aussi bien par la mère que par le père et les *ascendants* de ceux-ci, quoique de noms différents (2).

---

(1) Toutefois le nom de famille n'existait pas encore ; les Romains commencèrent seulement à donner un nom de branche, qui n'était généralement qu'un prénom de l'ancêtre. L'origine du nom de famille, tel que nous l'entendons aujourd'hui, ne remonte probablement qu'à l'époque de la féodalité et ne devint héréditaire qu'avec la possession du fief, dont il dérivait souvent. Puis l'habitude se généralisant, vinrent les noms de métiers, de localités, de couleurs, d'animaux, d'aptitudes diverses... etc. Le plus ancien nom connu figure dans une charte du Languedoc en 1025 (Dareste, *Histoire de France*, tome I, page 568).

(2) C'est également ce que le code définit par : « *Ligne directe* « *descendante* ou qui lie le chef d'une famille avec ceux qui des- « cendent de lui » et par « *Ligne directe ascendante* ou qui lie une personne à ceux dont elle descend. » (Code civil, Livre III, art. 736.

On représentera graphiquement ces deux genres de tableaux généalogiques ainsi (planche I, fig. 1 et 2) et pour les distinguer on peut, je crois, désigner le premier, sous le nom de *généalogie descendante* et le second, sous celui de *généalogie ascendante*.

J'ai résumé mes recherches sur les membres de la famille Bresson dans une notice qui rentre dans le premier genre ; je me propose, dans l'étude qui va suivre, d'essayer une *généalogie ascendante*, en prenant comme point de départ, ma petite fille âgée de 5 ans (1).

Avant d'entrer dans le sujet même, je désire présenter quelques considérations générales sur ces deux genres de tableaux.

On remarquera d'abord que l'individu *a* qui est en haut de la fig. 1 descend lui-même d'un grand nombre d'ancêtres et par conséquent peut aussi être le point de départ d'un tableau du genre fig. 2. En groupant ces deux figures on obtiendra donc la fig. 3, toujours régulière dans la partie ascendante, mais variable dans la partie descendante, le nombre des ascendants étant toujours un multiple de 2 tandis que le nombre des descendants peut varier irrégulièrement et même s'éteindre entièrement.

Quand on considère un tableau du genre fig. 2 relatif à un contemporain et que l'on songe qu'à chacun correspond nécessairement un tableau semblable, il semble que la terre devait être infiniment plus peuplée, mais il faut remarquer qu'un même individu peut être porté sur plusieurs tableaux de ce genre et même précisément sur autant de tableaux qu'il a eu de descendants. Au contraire

(1) Cependant, tout frère ou sœur d'un individu inscrit au tableau, qui se trouve à la fin de cette notice, pourra évidemment se substituer à ce dernier et avoir ainsi sa généalogie ascendante particulière.

dans les généalogies descendantes, un individu ne peut figurer qu'une fois, si ce n'est à titre d'allié.

Reprenons maintenant le cas *simple d'une généalogie ascendante* et recherchons à combien s'élève le nombre d'ancêtres pour un enfant né de nos jours et pour un nombre déterminé de générations.

Mais il faut avant, bien définir ce que l'on entend par *génération* et *degré* et ayons encore une fois recours au dictionnaire de Littré : « *génération* = chaque degré de « filiation en ligne directe ; il y a une génération du père « au fils et deux du père au petit-fils = espace de trente « ans, qui sert d'évalution courante pour la durée de la vie « humaine; trois générations font un peu moins d'un siècle » et encore « degré = terme de jurisprudence, se dit des géné- « rations suivant lesquelles on compte la proximité ou « l'éloignement des parentés ou alliances. » Si ces deux mots ont presque la même signification, il faut remarquer cependant que les degrés se comptent en remontant et redescendant successivement, quand le cas s'en présente (1).

Prenons donc 9 générations, soit trois siècles environ (ou plus exactement 270 années, ce qui nous reporte actuellement vers l'an 1600, époque relativement peu éloignée de nous) (2) et suivant la progression sur le tableau fig. 2, nous trouvons pour cette 9e génération 512 individus et un total général de 1022 ancêtres.

Comme je l'ai dit plus haut, j'ai pris comme premier

---

(1) Exemple : sur le fig. 1 *g* et *f* 1 sont parents au 5e degré, en remontant de *g* à *d* et en descendant de *d* à *f* chaque intervalle comptant pour 1 degré. Ceci résulte aussi des articles 735, 737 et 738 du Code civil, livre III. Il faut ajouter que le droit canon ou religieux compte les degrés différemment.

(2) De notre époque, 1888, à Jésus-Christ, on, sera étonné de ne trouver que 63 générations et 143 jusqu'au déluge (2400 ans avant Jésus-Christ); suivant la Bible, tous les hommes seraient donc parents au 300e degré.

exemple un cas simple, c'est-à-dire sans mariage entre cousins ou même entre descendants d'un ancêtre commun, plus éloigné, car autrement la progression se trouve sensiblement altérée. Ainsi, dans le cas de la présente étude généalogique, le mariage entre cousins germains dès la première génération (je compte les générations en remontant vers le passé) donne encore 4 grands-parents à la 2e génération, mais seulement 6 bisaïeuls au lieu de 8 à la 3e, enfin 384 (1) au lieu de 512 à la 9e génération (fig. 4). Le total général tombe de 1022 à 768. C'est, il est vrai, un des degrés de parenté le plus rapproché permettant le mariage (les cousins germains sont en effet parents au 4e degré) (2) et par conséquent un minimum qui peut encore être réduit si parmi les ancêtres que je n'ai pu retrouver, il y a eu des alliances accompagnées de quelque degré de parenté; toutefois la différence est d'autant moins sensible que cette alliance est plus ancienne par rapport au point de départ, et le mariage entre cousins est déjà une exception.

Autrefois les alliances entre parents devaient être plus fréquentes; les recherches que l'on trouvera résumées plus loin, m'ont montré deux groupes d'origine distincte et assez restreints pour une époque encore assez étendue ; l'un dans les Vosges, l'autre en Bretagne et en Normandie. Depuis le commencement du siècle, on voit au contraire, par suite de la facilité des déplacements sans doute, les familles se composer d'éléments d'origine souvent très

(1) Sur ces 384, je n'ai pu en retrouver que 10, et 117 ascendants sur le total probable de 768; cependant je m'estime heureux d'avoir retrouvé au complet le 5e génération, comprenant 24 pères et mères de trisaïeuls, et je ne pense pas que l'on puisse reconstituer une généalogie ascendante complète jusqu'à cette époque de 1600.

(2) Le cas encore plus rare de mariage entre oncle et nièce, tante et neveu, présente une alliance au 3e degré.

éloignée ; aussi devient-on fort indifférent aux souvenirs de famille et peu soucieux d'en garder la tradition (1).

Je vais essayer, dans les pages suivantes, de faire revivre quelques-uns de ces souvenirs, pour les familles portées sur ce tableau généalogique et qui ont bien voulu me donner communication de leurs documents d'origine ; on remarquera que chaque article, consacré à une famille, se termine par une femme, qui est l'ancêtre figurant aussi la dernière dans le tableau de la généalogie ascendante (2). Les archives de l'Etat civil des mairies (3) m'ont avant tout fourni les renseignements les plus sûrs ; j'en ai trouvé d'autres dans les généalogies particulières, dans les biographies et his-

(1) Parmi ces traditions, il en est une qui a perdu beaucoup de son importance, mais dont il faut tenir compte dans une étude généalogique qui remonte à ces époques éloignées : le blason (écusson, armoiries) a eu une origine militaire : bannière, presque drapeau local, il sert de signe de ralliement pour les croisades; puis sous la forme du sceau ou scel, il devient juridique, l'équivalent presque du papier timbré. Accordé d'abord par les souverains, au XVIIe siècle, tout propriétaire crut pouvoir se l'attribuer et la profusion même le déconsidéra; des édits sévères cherchèrent à en réprimer l'abus. Aujourd'hui ces emblèmes plus ou moins anciens ne sont plus guère employés que comme cachets et ornements. J'ai cru intéressant de reproduire ceux que j'ai pu retrouver avec leur origine, lorsqu'elle m'était connue. On les trouvera à la suite de l'appendice.

(2) D'autres tableaux de généalogie descendante, réunis sous forme d'appendice, permettront de suivre, dans chaque famille, la filiation depuis le plus ancien ancêtre à moi connu jusqu'aux descendants de cette famille vivants actuellement.

(3) Les anciens paroissiaux, comprenant naissance, mariage et décès sont déposés aux mairies où l'on peut se procurer des extraits conformes à ces actes; tenus jadis d'une façon peu régulières, beaucoup ont été en outre accidentellement détruits; les actes de décès ne contiennent presque jamais les noms des parents, et les dates de naissance sont toujours plus difficiles à retrouver. Sans doute que plus tard, avec la clareté et la bonne tenue des actes actuels, et la presque totalité de la population passant sous les drapeaux, on pourra établir des généalogies ascendantes complètes.

toires des Provinces. Je n'ai admis dans la généalogie ascendante que des faits sur lesquels je n'avais aucun doute. J'espère avoir été aussi exact pour les tableaux de l'appendice, mais on comprendra mieux la difficulté d'éviter quelques erreurs, quand on saura qu'ils révèlent l'existence de 480 (1) individus et l'ensemble de cette étude un total de 600 personnes.

Paris, mai 1889.

---

(1) Tableaux de l'appendice 252 hommes, 228 femmes, total 480. Tableaux de la généalogie ascendante, 63 hommes, 57 femmes ; total 120.

PREMIÈRE PARTIE

Branche A. BRESSON

9° Jean I vécut quelques années à Sérécourt ; il mourut en 1628 à Jonvelle (Haute-Saône) et fut enterré dans une chapelle fondée par l'aîné de ses fils. On lit encore aujourd'hui dans cette chapelle qui sert de sacristie, une inscription latine gravée dans un écusson orné de volutes, rappelant cette fondation et accordant à perpétuité le droit de présentation et de patronage à cette famille.

8°. Jean Antoine I meurt jeune dans les guerres qui dévastèrent la Franche-Comté à partir de 1632 ; il portait, ainsi que son frère aîné, capitaine de cavalerie, le nom de Bresson de Jonvelle, nom d'un fief qu'ils possédaient en commun dans le territoire de cette ville. Il avait épousé une cousine du nom de *Bresson*.

7° Jean III épousa *Elisabeth Baudel* (*Branche B*) et vécut à Flabémont (près Lamarche). Il fut procureur au baillage du Bassigny en 1666 et procureur greffier à Lamarche (Vosges) en 1671. Il y mourut le 11 août 1672 (*état civil Lamarche*).

6° Jean Antoine III né en 1653, mort le 13 novembre 1719 à Fouchécourt (Vosges) [E. C.] épousa *Jeanne Moiniat*. Il fut en 1703 procureur fiscal de la baronnie des Thons et à l'époque de sa mort il occupait la position de procureur d'office en la justice de Fouchécourt, et juge et garde en celle d'Ische.

5° François, né en 1700, mort, le 19 mai 1781, à Serécourt (Vosges) [E.C.] épousa *Elisabeth d'Aizecourt*. (*Branche C.*

4° Antoine Léopold, né le 6 décembre 1738, à Sérécour- (Vosges) [E. C.] mort le 5 juin 1817 à Epinal [E. C.] épousa *Jeanne Mareschal (Branche D.)*. Avocat, puis juge à Lamarche jusqu'en 1792, il était, à l'époque de sa mort, juge au tribunal d'arrondissement d'Épinal.

3° Etienne Louis Magloire, né le 23 octobre 1773, à Lamarche [E. C.] mort le 23 octobre 1833, à Lamarche [E. C.] épousa *Brigite Augustine Guyot (Branche F.)*. Volontaire au bataillon des Vosges en 1792, il fit la campagne du Rhin et après avoir servi 3 ans, se retira à Lamarche.

2° Louis Léopold, né le 2 décembre 1817 à Lamarche [E. C.] a épousé à Cherbourg le 8 septembre 1845 *Joséphine Ruaulx de la Tribonnière (Branche H.)*. Élève de l'École polytechnique, ingénieur des Pont set chaussées il occupa douze ans à Cherbourg le poste d'ingénieur des travaux hydrauliques, puis après 5 années de séjour en Russie, attaché à la Grande Société des chemins de fer russes, il devint en 1863 directeur général de la Société autrichienne des chemins de fer de l'État à Vienne et y resta jusqu'en 1879, époque à la quelle il rentra en France et acheta une propriété à Chandai (Orne). Il consacre depuis ses loisirs à la publication d'ouvrages de philosophie scientifique.

1° Henri Léon, né le 19 juillet 1854, à Cherbourg, épouse à Chandai le 28 août 1883 sa cousine *Alice Ruaulx de la Tribonnière (aussi Branche H.)*. Auteur de la présente notice et dont la petite fille âgée de 5 ans :

Marie-Thérèse Bresson, née le 10 mai 1884, à Saint-Lô (Manche) a servi de point de départ pour la recherche de tous les ascendants compris dans cette étude généalogique.

Observations : La filiation des générations 9 à 6 est très clairement établie dans un arrêt de reconnaissance de noblesse, rendu en 1765 par Stanislas, roi de Pologne, duc de Lorraine, en faveur d'un descendant collatéral de cette famille dont la parenté est parfaitement connue. J'ai retrouvé à l'appui de cet arrêt, qui existe encore aux archives départementales de Meurthe-et-Moselle à Nancy, plusieurs actes de l'état civil qui confirment la descendance telle que je l'établis. Toutes les autres preuves ont été du reste reproduites dans la notice généalogique : *Bresson* 1628-1888. (Imp. des Apprentis-Orphelins. Paris-Auteuil, 1888) qui est déposée à la bibliothèque nationale de Paris.

Les chiffres romains qui suivent un prénom, employés dans cet arrêt, sont aussi en usage dans toutes les généalogies pour distinguer des individus ayant les mêmes prénoms. Je leur laisserai donc ces désignations particulières et j'en ajouterai entre parenthèse quand le cas s'en présentera.

Cette famille ayant été de ma part l'objet d'une étude spéciale, j'ai dû restreindre sur le tableau appendice A, qui correspond à cette branche, le nombre des descendants de ce nom, retrouvés.

Branche B. BAUDEL

9° Samuel, né en 1568, mort à Lamarche, le 8 avril 1629, épousa *Elisabeth Dauphin*, qui mourut le 20 janvier 1637, au château d'Aigremont ; ils eurent 13 enfants.

8° Salomon, né à Lamarche, le 30 octobre 1598, mort le 14 septembre 1665, marié trois fois ; sa première femme fut *Samence Dupont*, née le 24 mai 1599, morte le 22 août 1638, qui eut comme fille :

7° Elisabeth, née le 23 octobre 1625, morte le 14 juin 1673, qui épousa *Jean Bresson* (*Voir A. 7°*).

Observations: Ces renseignements, recueillis au cours des recherches sur la famille Bresson, font même remonter cette famille au-delà de 1500, en comptant 2 générations de plus ; ce cas ne se présentant que 3 fois au cours de cette notice, je me borne à commencer à cette 9° génération, dont l'extension a été considérée dans l'introduction.

Dom Pelletier cite la famille Beaudel dans son Nobiliaire de Lorraine.

Branche C. D'AIZECOURT

6° François vécut à Sérécourt ; il avait épousé *Nicole Thirion* qui est aussi citée comme sa veuve dans un acte de 1703, reproduit dans la notice sur la famille Bresson.

5° Elisabeth, née en 1708, morte en 1766, à Sérécourt épouse vers 1733 *François Bresson* (Voir A. 5°).

Branche D. MARESCHAL

6° Jean épousa *Anne Lhuillier.*

5° Jean François, né à Mirecourt, le 28 avril 1705 [E. C.] receveur de l'hôtel de ville, épouse *Thérèse Thieri (Branche E.).*

4° Marie-Jeanne, née à Mirecourt, le 1er novembre 1746 [E. C.] épouse *Antoine Léopold Bresson (Voir A. 4°).*

Branche E. THIÉRI

6° Claude épousa *Marie Pordes.*

5° Thérèse, née à Mirecourt le 27 novembre 1707 [E. C.] épouse *François Mareschal (Voir D. 5°).*

Branche F. GUYOT

5° Nicolas, greffier en chef au baillage du Bassigny, séant à Lamarche, épousa dame *Rose Grosjean (acte de décès de son fils).*

4° Hyacinthe Nicolas, né vers 1756, mort à Lamarche, le 3 janvier 1823 [E. C.] épousa *Jeanne Marie Guennepin (Br. G).* qualifié, dans son acte de décès, d'avocat ; il habitait à Lamarche le château de la Trinité (ancienne abbaye) qui subsiste encore.

3° Brigitte Augustine, née vers 1787, morte à Lamarche en 1857, qui épouse *Etienne Louis Bresson* (*Voir A. 3°*).

Branche G. **GUENNEPIN**

5° JEAN FRANÇOIS épousa *Marie Courtier* ; il fut commissaire aux armées sous le premier empire.

4° JEANNE MARIE ANTOINETTE, née à Chaumont le 2 août 1754 [E. C.] morte à Lamarche, le 11 janvier 1830 [E. C.] épouse *Hyacinthe Guyot (Voir E. 4°)*.

Observation : On remarquera que, si ces cinq dernières familles C à G, ne remontent pas au delà de la 6° génération, elles reposent toutes sur les actes de l'État civil que j'ai pu retrouver.

DEUXIÈME PARTIE

Branche II. RUAULX DE LA TRIBONNIÈRE

8° RENÉ, mort avant 1678, cité dans un acte de succession de son fils.

7° JEAN (I), vivait en 1678 à Tinténiac (près Rennes, Ille-et-Vilaine) où il hérita de son père d'une maison, dite du Cheval-Blanc. (Acte notarié sur papier timbré Bretagne, 1er avril 1676). Il avait épousé le 2 septembre 1661 *Jeanne Bodin*, fille de *Jean Bodin*. (Lorsque je n'ai retrouvé qu'un des deux conjoints, je n'ai pas fait de branche pour ce nom, mais je l'ai cependant porté au grand tableau ; le cas se présente trois fois).

6° JEAN (II), né le 20 février 1664 à Hédé (Ille-et-Vilaine) [E. C.] épousa *Anne Collet*, qui, d'après un inventaire du 7 février 1749, fait par son fils, devait se trouver veuve à cette date.

5° JEAN OLIVIER, né le 30 mai 1697, à Hédé [E.C.] épousa *Anne Pirois*, fille de *Jean Pirois*, morte avant 1749. Qualifié dans l'acte de baptême de son fils de subdélégué de l'Intendant de Hédé et sénéchal de plusieurs juridictions.

4° JOSEPH LOUIS, né le 11 mai 1744 à Hédé [E. C.], mort le 2 floréal an IX (21 avril 1801) épousa le 20 juin 1771 *Marie Jacquette Dusers* (*Br. I*). Avocat, il acquit par contrat notarié du 7 juin 1771 l'office de procureur au parlement de Bretagne, qualification qu'on retrouve dans l'acte de baptême de son fils.

3° JACQUES ALEXANDRE, né le 22 juillet 1787, baptisé à Rennes le 22 mai 1788 [E. C.], mort à Cherbourg le 28 mars 1854, épouse à Quintin (Côtes-du-Nord), contrat du 3 janvier 1821, *Marie Charlotte Joséphine Le Boucher des Parcs* (Br. J). Il était alors receveur sédentaire des contributions dans cette ville. Après 1832 il fut destitué à cause de ses opinions et ne fut replacé qu'à Saint-Omer (Pas-de-Calais) alors bourgade dénuée de toutes resources. Un an après seulement, il obtint le poste de Givet (Ardennes), puis passant par La Châtres (Indre) et Domfront (Orne) il termina sa carrière à Cherbourg. Il a eu les deux enfants qui suivent et qui, par suite du mariage de leurs descendants, se trouvent portés ici au même degré.

2° JOSÉPHINE THÉRÈSE ANNE, née le 7 juin 1823 à Quintin [E. C.] épouse le 8 septembre 1845 à Cherbourg *Louis Léopold Bresson* (Voir A. 2°).

2° LÉON JACQUES JOSEPH, né le 3 janvier 1826, à Quintin [E. C.] épouse le 29 juillet 1851, à Versailles, *Alice Maufras du Chatellier (B. N.)*. Entré à l'École polytechnique en 1846, il en sortit en 1848 pour entrer à l'École des Ponts et chaussées où il passa les trois années d'étude réglementaires. Il fit là toute sa carrière d'ingénieur ordinaire (1851-1875) dans le département des Côtes-du-Nord, successivement dans les résidences de Guingamp et de Saint-Brieuc et eut principalement à s'occuper de travaux maritimes et de construction de phares et de balises ; ces derniers ouvrages lui valurent en 1868 la promotion à la première classe, la croix de chevalier de Légion d'honneur et une médaille d'or à l'exposition universelle de Paris. En 1875, il fut nommé ingénieur en chef et chargé du service du département de la Manche, qu'il conserva jusqu'à sa mise à la retraite en 1888 avec le titre d'Inspecteur général honoraire des Ponts et chaussées.

1er ALICE LÉONTINE MARIE ANNE, née le 8 février 1862 à Saint-Brieuc (Côtes-du-Nord) [E. C.] épouse, le 28 août 1883, à Chandai, son cousin *Henri Léon Bresson (Voir A. 1er).*

Observations : Les générations 8 et 7 sont reliées par un acte notarié de 1678 que j'ai eu entre les mains. La filiation des autres générations est clairement établie par des actes de baptême, dont j'ai pu me procurer des copies conformes et qui existent tous encore aux archives des mairies citées.

Branche I. DUSERS

6e THOMAS CHARLES épousa, vers 1702, *Julienne Mondehair de la Galonnais.* Procureur à la cour à Rennes.

5e CHARLES THOMAS SERVAN né en 1704, mort en 1756, épousa *Catherine Renée Regnault,* Procureur au parlement de Bretagne, ainsi que échevin de la ville et communautés de Rennes, il possédait, paroisse de Plélan Ille-et-Vilaine) une terre appelée La Rue.

4e MARIE JACQUETTE, épouse *Louis* (*Joseph Ruaulx de la Tribonnière (Voir H. 3e)* rappelée aussi dans l'acte de baptême de son fils Jacques ; elle mourut le 1er pluviose an IX (21 janvier 1801).

Observations : Renseignements communiqués par la famille de la Tribonnière, qui possède encore un acte établissant la filiation 3 à 4.

Branche J. LE BOUCHER

9e LOUIS (I) vivait vers 1590 en Normandie.

8e PIERRE, épousa *Anne de Surrirey.*

7e JEAN, né en 1654 au Bô, près de Falaise (Calvados) épousa *Catherine Dardienne de Montbray.*

6e NICOLAS, né au Bô, le 24 janvier 1863, épousa *Anne du Mont.*

5e LOUIS (II) né également au Bô, le 24 janvier 1717, mort en 1780, fut syndic du baillage du Bô ; il avait épousé

Marie Rogue et possédait des terres d'une certaine importance en Normandie.

4° Daniel, né au Bô, en 1747, mort à Quimper en 1806, avait épousé en secondes noces *Anne Jacquette Goyon des Rochettes* (*Br. K*) (contrat à Carhaix, 9 septembre 1782). Il ajouta à son nom celui *des Parcs* pour se distinguer d'un frère aîné portant celui du *Haut-Val*, c'étaient deux noms de terre. Comme cadet de famille, son père voulut le faire entrer dans les ordres ; il quitta la maison paternelle et après avoir étudié la médecine, il s'établit comme docteur à Châteaulin. Ruiné pendant la révolution, il dut vendre sa terre de Rosengal et vécut à Quimper en exerçant son état.

3° Marie-Charlotte-Joséphine, née à Carhaix (Finistère) vers 1785, morte à Vienne en 1863, épousa *Jacques Ruaulx de la Tribonnière* (voir H. 3°) (contrat à Quintin, 3 janvier 1821).

Observations : Ce contrat, qui est resté dans ma famille, établit le lien entre les générations 3 et 4, rappelant très exactement les pères et mères ; je dois les autres degrés à une communication des descendants de cette famille.

Branche K. GOYON DES ROCHETTES

9° François I vivait vers 1651 et épousa *Julienne Daen.* Il fut appelé à Rennes, pour y délibérer sur les affaires du royaume et chargé d'y amener ses amis, ainsi que le témoigne une lettre du duc de Rohan, du 5 décembre 1651.

8° Charles, né vers 1614, mort à Loudéac (Côtes-du-Nord) le 8 janvier 1694, inhumé, le 10, dans l'église (suivant un extrait du 30 juillet 1782). Il avait épousé *Isabelle de la Coudre.*

7° François II, baptisé le 24 décembre 1647, à Loudéac, qualifié d'écuyer, épousa à Saint-Malo, le 20 octobre 1674, *Françoise Lefranc (Br. L.)* (contrat du 14 juin 1674).

6° MATHURIN, baptisé le 3 février 1692, à Loudéac ; épousa à Uzel (Côtes-du-Nord) *Marie Abrahamet* veuve de Alexis Ruellan. Il était alors commandant de la brigade d'Uzel. Il mourut vers 1750.

5° JOSEPH PELAGE, baptisé le 21 avril 1725, à Uzel ; épousa *Anne Thérèse Guezno de Bostey (Br. M.)* (contrat du 7 novembre 1749), il fut présent aux Etats convoqués à Saint-Brieuc en 1730 et mourut en exil à Hambourg où il fut inhumé le 9 avril 1797. Il eut douze enfants.

4° ANNE-JACQUETTE, née à Châteaulin (Finistère) le 2 novembre 1753, épouse *Daniel Le Boucher des Parcs (Voir J 4°).*

Observations : Indépendemment de la communication des documents très détaillés de cette famille qui sont actuellement aux mains de descendants de la dernière génération, on trouve à la Bibliothèque nationale de Paris, une généalogie imprimée, remontant à 1350 ; voici les noms successifs des branches d'où est issue celle qui nous occupe : Goyon de Matignon, Goyon de Beaucorps, Goyon de Voroault et enfin Goyon des Rochettes. On cite en 1579 un maréchal de France de ce nom.

Branche L. LE FRANC

8° JEAN, cité dans le contrat de mariage de sa fille, épousa *Marguerite Rasult.*

7° FRANÇOISE épouse en 1674 *François II Goyon des Rochettes* (Voir K. 7°).

Branche M. GUEZNO DES BOSTEY

6° MATHIEU CLAUDE, appelé Maître dans l'acte de baptême de sa fille, épouse *Marie Thérèse Lebronnec.*

5°. ANNE THÉRÈSE, née le 18 août 1733, épouse, en 1749, écuyer *Joseph Pelage Goyon des Rochettes (Voir le 5°).*

Observations : Ces deux dernières familles résultent aussi des papiers communiqués sur la famille de Goyon.

TROISIÈME PARTIE

Branche N. MAUFRAS DU CHATELLIER

7° JEAN vivait vers 1694 et mourut à sa terre du Chatellier ou Chastellier (commune de Poilley, Manche); il avait épousé *Anne Corneille*, fille de *Giles Corneille*, un des frères du grand Corneille.

6° LOUIS naquit au Chatellier, le 4 janvier 1718; on ne connaît pas sa femme.

5°. LOUIS FRANÇOIS, mort le 15 mai 1797; avait épousé, à Rennes, *Jeanne Chevillard (Br. O)*. Il reçut, à Rennes, une éducation distinguée sous la direction d'un parent, le prêtre Hardy; appelé à remettre en ordre les archives de l'abbaye Saint-Georges, il en devint économe. Sa réputation de paléographe augmentant sans cesse, l'évêque de Léon lui demanda, en 1782, de classer le chartier du diocèse; il y consacra deux années et laissa quatre gros volumes entièrement de sa main, qui contiennent les documents les plus curieux sur l'histoire de la Bretagne. Il classa encore les titres de la communauté politique de Landernau. A partir de 1763, il se consacra à l'agriculture, rétablit la fortune ébranlée de sa famille en faisant défricher des terres, et acquit la propriété des Noëttes-en-Bréal (près Mordelles, Ille-et-Vilaine) où il mourut étant simple juge de paix.

4° RENÉ-LOUIS, né à Rennes, le 28 novembre 1754, mort à Quimper le 31 mars 1845, épousa à Tréguenec (près

Pont-l'Abbé-Lambourg, Finistère) *Reine Le Bastard de Kerguifflnec* (*Br. P.*). Occupé en premier lieu chez le sénéchal, à Rennes, il lui acheta cette charge en 1789 et s'employa à l'émancipation de la bourgeoisie. Nommé, en 1791, commissaire du roi, près du tribunal criminel du Finistère, il fut révoqué ensuite comme suspect; élu greffier au tribunal de Quimper, il devint, lors du soulèvement de l'Ouest contre la Convention, quartier-maître de l'armée vendéenne. Après la défaite de ce corps, il put regagner son pays et remettre entre les mains du receveur général, ce qu'il avait pu sauver de la caisse : ce fait lui valut d'échapper à l'échafaud, lorsque le tribunal révolutionnaire le jugea. Secrétaire général à Quimper en l'an III, il fut chargé de s'entendre avec les représentants du peuple à Lorient, pour s'opposer au débarquement de Quiberon. Nommé, en l'an IV, commissaire exécutif près du tribunal correctionnel de Quimper, il fut trop souvent témoin et juge des tristes exploits des chauffeurs. Enfin, en 1811, procureur impérial, près du tribunal de première instance de Quimper et de la cour d'assises, la seconde Restauration le destitua en 1816 et après 26 années d'emploi, dans la magistrature, il n'obtint une pension que par une délibération du conseil général. Juge d'instruction en 1820, il fut ramené à la position de simple juge, à cause de l'opposition de son fils au gouvernement. La monarchie de 1830 lui donna le siège de vice-président du tribunal de Quimper, position qu'il garda jusqu'à sa retraite en 1841. Il comptait alors 52 ans de services dans la magistrature, à travers l'époque la plus troublée de notre histoire, où la vie d'un homme semble trop courte pour la suite des événements, auxquels il est mêlé.

3° Armand-René, né à Quimper le 7 avril 1796, mort à Kernuz (près Pont-l'Abbé-Lambourg, Finistère) le 27 avril 1885, avait épousé à Pont-l'Abbé, le 15 octobre 1826, *Alexandrine Polymnie Huard* (*Br. V*). Attaché en premier lieu à l'administration des douanes, il devint commis principal, à Paris, au bureau du commerce, institution qui se fondait en France. Comme notable de Montmartre, il prit part à la Révolution de 1830 ; cependant, en 1831, il regagnait la Bretagne où il devint inspecteur des prisons et établissements de bienfaisance. Il ne quitta cette position que de 1848 à 1852, années qu'il passa à Versailles pour l'éducation de ses enfants et le soin de sa santé. En 1858, l'Académie des sciences morales le nomma membre correspondant. De bonne heure il avait commencé à écrire ; parmi les cinquante-neuf ouvrages ou publications qui l'ont fait connaître, le plus remarquable et le plus important (6 volumes in-8, 1836) fut son *Histoire de la Révolution dans les départements de l'ancienne Bretagne*. Ses *Recherches statistiques sur le Finistère* lui valurent, en 1839, un des prix Montyon. Le plus grand nombre de ses autres écrits est consacré aux antiquités celtiques de la Bretagne. Grand collectionneur de tout ce qui touchait à son pays, il a réuni, au château de Kernuz, des antiquités celtiques, des objets gallo-romains et du moyen-âge, ainsi que de nombreux manuscrits.

2° ALICE, née à Paris, le 11 mai 1829, épouse en 1851, à Versailles, *Léon Ruaulx de la Tribonnière (Voir H. 2°)*.

Observations : Outre les communications de famille, j'ai trouvé dans la *Biographie bretonne*, de Levot (Vannes 1852) un article très détaillé sur René Louis et des indications sur son père ; puis un éloge biographique de Armand René a été lu dans la séance publique de l'Académie des Sciences morales et politiques du 30 mai 1885 par M. Geffroy, président de l'Académie et imprimé selon l'usage.

Branche O. CHEVILLARD

6° JULIEN épouse *Marguerite Cillart*, morte aux Noëlles-en-Bréal le 7 octobre 1793.

8° JEANNE épousa *Louis François du Chatellier (Voir N. 5)*.

Branche P. LE BASTARD DE KERGUIFFINEC

9° Allain Ier (du nom, de sa] branche, dans la généalogie imprimée de cette famille) naquit à Lambourg ou Pont-l'Abbé (Finistère, de 1596 à 1600 et vivait encore en 1639. Il épousa avant 1633 *Marie Caouen*, qui mourut vers 1639. Ce fut lui qui forma la propriété du Parc-au-Bastard, près de Douric, en réunissant à plusieurs domaines dont il hérita, d'autres qu'il acquit lui-même.

8° François, né de 1630 à 1635, mort le 20 février 1678, enterré à Pont-l'Abbé. Il avait épousé, le 10 mars 1662, à Pont-l'Abbé, *Françoise Cozic*, dame de *Kerdouron Mesmeur (Br. Q)* morte en 1683.

7°. Hervé I, dit Monsieur de Kerdouron, est peu connu; il passait l'hiver à Pont-l'Abbé où il épousa le 8 janvier 1691 *Henriette Le Querré (Br. R)*.

6° Jean Hervé II, dit M. de Mesmeur, né le 30 mars 1694, mort subitement le 3 août 1753, avait épousé le 29 août 1722 *Jacquette Corbet de la Soudraye (Br. S)*. Sénéchal de Pont-Croix en 1721, il fut reçu au présidial de Quimper et devint maire de cette ville en 1737 ; c'est à lui qu'on doit les plantations si belles des prommenades appelées le Mail. En 1638 il figurait comme député aux Etats de Bretagne, pour le Tiers. Il avait acheté la terre de Kerguiffinec en 1741 et construisit le manoir tel qu'il existait en 1841.

5° Jean Hervé III, dit Monsieur Chefdeville, et ensuite M. de Kerguiffignec, auteur du rameau de ce nom, naquit en 1731, et mourut en 1815. Il fit ses études de droit à Paris et se distingua ensuite au barreau de sa province. Veuf d'un premier mariage, il épousa, le 18 janvier 1763, *Marie Marguerite Kerdréach (Br. U)*. Il fit un voyage en Louisiane où il avait un parent gouverneur, et rentrait à

Quimper le jour même de la mort de son père. Il eut trois enfants de sa première femme et dix-sept de la seconde.

4° REINE CATHERINE JEANNE, née à Kergniffinec le 8 janvier 1769 décédée le 25 octobre 1845, épousait, le 29 décembre 1794, *René Louis Maufras du Chatellier (Voir N. 4°)*.

Observations : Une généalogie, très détaillée, ornée de gravures et des écussons de plusieurs familles, a été imprimée en 1847 sous le titre de : Généalogie de la maison le ou de Bastard, originaire du Comté Nantais et répandue en Guienne, au Maine, en Bretagne et au Devonshire (par Hyacinthe Le Bastard de Kerguiffinec). On la trouve, richement reliée, à la Réserve de la Bibliothèque nationale de Paris. La filiation remonte bien jusqu'en 1062, mais sans preuves bien établies.

Branche Q. COZIC

9° JEAN épousa *Marie Le Borgne.*

8° FRANÇOISE, dame de Kerdouron Mesmeur, épouse *François Le Bastard (Voir P. 8°)*.

Branche R. LE QUERRÉ

8° JEAN, seigneur de Leach et Mesmeur, épousa *Henriette Biger.*

7° HENRIETTE épouse *Hervé I Le Bastard (Voir P. 7°)*.

Branche S. CORBET DE LA SOUDRAYE

7° NICOLAS, épousa *Thérèse Gaueznon,* dame de Kerfert (*Br. T*).

8° JACQUETTE, née le 9 décembre 1698, morte à Quimper, le 19 janvier 1781, épouse le 29 août 1722 *Hervé II Le Bastard (Voir P. 6°)*.

Branche T. GOUEZNON

8° JEAN épousa *Marguerite Le Capitaine*, dame de Kerfort.

7° THÉRÈSE épouse *Nicolas Corbet de la Soudraye (Voir S 7°)*.

Branche U. KERRDÉACH

6° DANGEL MATHIEU épousa *Marie Madézo*.

5° MARIE MARGUERITE, de Douarnenez, épouse *Hervé III Le Bastard de Kerguiffinec (Voir P. 5°)*.

Observations : Ces cinq dernières familles sont comprises dans la Généalogie Le Bastard, qui, s'étendant avec des détails qui la rendent même quelques fois confuse, sur les descendances collatérales, m'a aussi fourni des renseignements pour les tableaux de l'appendice.
Quoique réduites au minimum de renseignements, elles constituent chacune une famille, puisqu'on y compte le père, la mère et un enfant ; je leur ai donc donné aussi une lettre de branches.

Branche V. HUARD

5° JEAN épousa *Anne Marie Patard*.

4° JEAN BAPTISTE épousa *Marie Françoise Kervahut (Br. W)*. Il mourut à Pont-l'Abbé le 20 février 1842 [E. C.]; on voit dans cet acte, qui rappelle ses parents, qu'il était alors conseiller municipal, ancien maire de Pont-l'Abbé et commandant de la garde nationale.

3° ALEXANDRINE POLYMNIE, née à Pont-l'Abbé, le 18 avril 1808, épouse le 15 octobre 1826, à Pont-l'Abbé [E. C.] *Armand René Maufras du Chatellier (Voir N 3°)*. Elle est morte le 21 janvier 1880.

Branche W. KERVAHUT

5° Pierre Marie, notaire à Pont-l'Abbé, épousa *Yvonne Corentine Le Goff (Br. Z).*

4°. Marie Françoise, née vers 1774, à Pont-l'Abbé, morte le 15 juin 1839 au manoir de la Coudrée, près Tréméoc (Finistère) [E. C.] épouse *Jean Baptiste Huard (Voir V. 4°).*

Branche Z. LE GOFF

6° René Allain, notaire à Peumérit (Finistère) épouse *Yvonne Renée Le Flochlay.*

5° Yvonne Corentine épouse *Pierre Marie Kervahut (Voir W. 5°)*

Observations : Ces trois dernières familles qui contiennent la ligne ascendante uniquement par les femmes, quoique réunies par leur origine dans les environs de Pont-l'Abbé, ont offert plus de difficultés à retrouver ; car les femmes, prenant le nom de la famille dans laquelle elles entrent, en adoptent aussi la tradition que le mari conserve avec le nom qu'il porte. Aussi, ce genre de généalogie (*descendante* et par les hommes) est, je crois, seul connu.

TABLE ALPHABÉTIQUE DES FAMILLES

DE LA GÉNÉALOGIE ASCENDANTE

APPENDICE

Observations sur les tableaux de l'appendice

J'ai réuni sous cette forme abrégée de *tableaux de parenté*, les généalogies des familles dont les membres offrent un lien de parenté avec l'enfant qui a servi de point de départ à cette étude.

Les générations y sont comptées de manière à coïncider avec celles du tableau de la généalogie ascendante ; cependant il ne faudra pas s'étonner de trouver entre les deux genres de tableaux des écarts d'âge pour une même génération, occasionnés par des mariages prématurés ou contractés dans un âge plus avancé ; on remarquera même que les femmes se mariant généralement plus jeunes que les hommes, la même génération comprend vers l'extrémité à droite du tableau de la généalogie ascendante, des individus de moins en moins âgés.

Rapporter tout à la même échelle, m'a semblé le moyen le plus simple pour faire entrer dans cette étude des familles de noms divers ; du reste, l'écart ne peut jamais être très grand, les générations sont donc comptées en remontant et en partant de Marie-Thérèse Bresson, âgée de 5 ans, en 1889.

Pour apprendre à calculer avec ces tableaux les degrés de parenté, deux exemples suffisent :

1° *Marie-Thérèse Bresson* a actuellement pour parents au plus proche degré en ligne collatérale, ses oncles et tantes ; en effet sur le tableau A, on compte 3 degrés entre elle et *Georges Bresson* son oncle, en remontant à *Léopold Bresson*, son grand-père.

2° On compte de même 8 degrés entre *Yvonne Fririon* et *Marie-Thérèse Bresson* ; 5 sur le tableau J, en remontant par des familles de noms divers à *Daniel Le Boucher*, pour redescendre à *Marie*, du même nom, qui épouse *Jacques Ruaulx de la Tribonnière* ; on lit au dessous de ce dernier *Voir II. 3*e, ce qui renvoie à la même personne sur le tableau de la généalogie ascendante (de la Branche II, 3e génération); là on compte 3 degrés de Jacques de la Tribonnière à Marie Thérèse Bresson ; total 8 degrés.

On peut aussi rechercher des degrés de parenté entre deux tableaux de l'appendice ; mais il faut toujours pouvoir remonter à un ancêtre commun.

Rappelons que les frères et sœurs sont parents au 2e degré ; les cousins au 4e et les cousins issus de germain au 6e (Code civil, livre III, ch. III). On trouve sur le tableau A un exemple de 15 degrés ; c'est le plus grand éloignement de parenté constaté dans cette notice.

Je n'ai fait de ces tableaux que pour les familles (au nombre de dix), dont les descendants m'étaient connus ou signalés, et dans un *intérêt purement généalogique*; je n'ai donc pas eu à m'occuper des décès ; j'ai relaté pour chacun la position la plus importante qu'il a occupée ou qu'il occupe actuellement. Les aînés sont placés à gauche, quand l'ordre de naissance m'est connu. Afin d'éviter les répétitions, je n'ai porté que les prénoms de ceux qui sont déjà compris dans la généalogie ascendante. Du reste par leur genre d'impression, ces tableaux sont faciles à compléter.

Enfin, la table alphabétique des noms de famille, qui suit, renvoie par une lettre capitale au tableau ou se développe cette famille. Les noms imprimés en italique et qui sont également soulignés en rouge sur ces tableaux, sont ceux des alliances masculines ; ils déterminent par conséquent le nom de famille des descendants immédiats. J'ai trouvé quelques fois des noms écrits différemment, j'ai choisi l'orthographe la plus probable.

Il n'a été fait de ces tableaux de parenté que pour 50 exemplaires, destinés aux familles qui y sont portées.

TABLE ALPHABÉTIQUE DES FAMILLES

PORTÉES SUR LES TABLEAUX DE L'APPENDICE

Kerviler (Pocard) P
Lanton........... N
Larère........... H^{bis}
Laurent.......... F
de Lécluse........... J.N
de Lécluse de Longraye.......... J
Legrand.......... F
de Leyssegue de Rosaven.......... P^{bis}
Lortie de Branguai I
Lunven........... N
Malézieux du Hamel............. H
Malgrange........ H^{bis}
Marveille......... A^{ter}
Maugin........... A
Mesnager......... F
de Montaudever de Fougueray...... I
de Montjoyeux... ... A^{ter}
Morel des Vallons. H
Mouronval........ H
Nicou............ V
Nicolas........... H^{bis}
Nogues........... I
Ollivry.......... Z
d'Outremont........ H
Odéyé............ Z
Pajot............ F
Pananceau........ Z
Paquier.......... A^{bis}
le Parc............. K
Pelgrin de Thélod. A^{4o}
Pellet............. A
Petit............. A
Perret........... I
Pesquet.......... F
Pommier......... A^{bis}
de Preissac (comte).. A^{ter}
Prouhet de Kerambourg....... P^{bis}
Quintin de Kercadio............. K
Redoules.......... H^{bis}
Rémy............ F
Ribeaucourt...... P
de Richemond (vicomte)............. I
Ricouart d'Herouville............ N
Robillot.......... A
Robion de la Haye. H^{bis}
de Rochefort....... K
de Rochegude (marquis)........... A^{ter}
Rocher........... A
Rodier........... A
Rousseau........ P
Royer............ P.P^{bis}
de la Rue............. N
Simon.......... F
de Serres.......... K
de Solminiacch..... P^{bis}
Tassel (baron)... N
Teullé.......... N
Thiéry d'Argenlieu......... P
Valette.......... N
Valmalette....... F
Vauquelin....... A
du Vauhello........ H^{bis}
le Veillié......... H
le Verger......... H^{bis}
de Villéon......... K
Viou............. F
Worms de Romilly............ H^{bis}

Paris Auteuil. — Imp. des Appr.-Orph. — Roussel, 40, Rue La Fontaine.

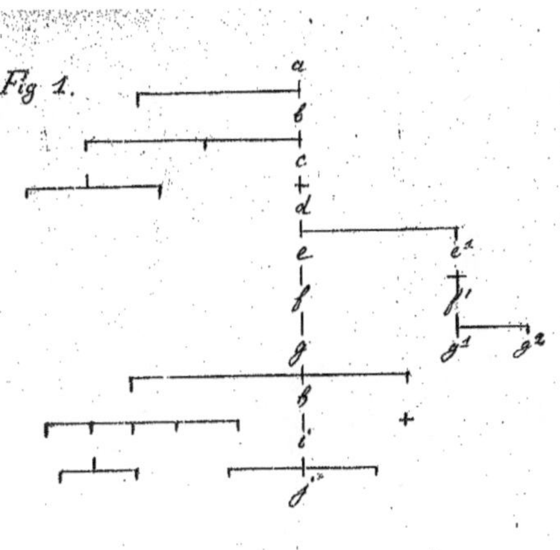

Fig 1.
a
b
c
d
e
e^1
f
f^1
g
g^1
g^2
h
i
j

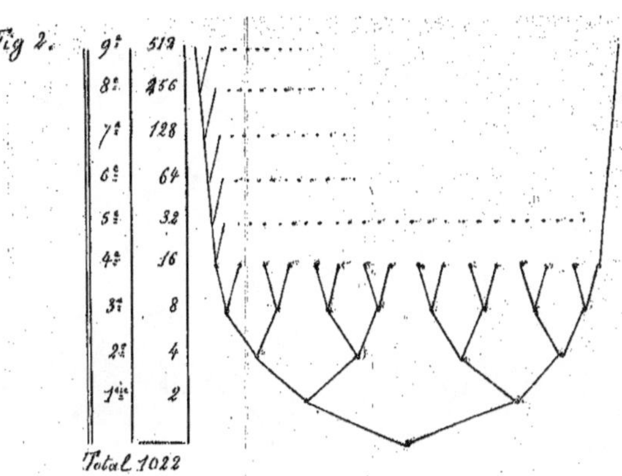

Fig 2.
9e 512
8e 256
7e 128
6e 64
5e 32
4e 16
3e 8
2e 4
1ère 2
Total 1022

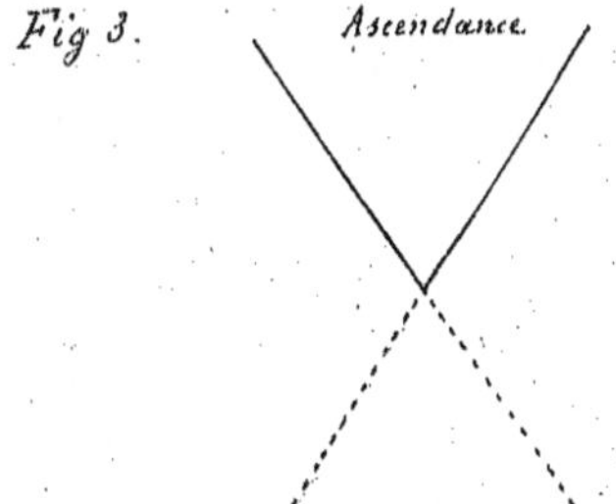

Fig 3.
Ascendance
Descendance

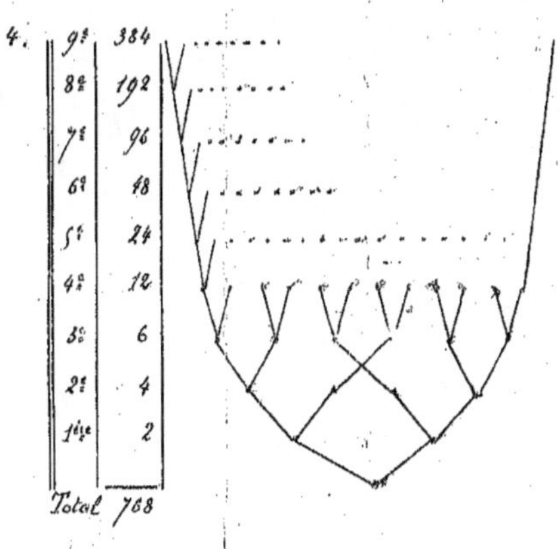

Fig 4.
9e 384
8e 192
7e 96
6e 48
5e 24
4e 12
3e 6
2e 4
1ère 2
Total 768

A

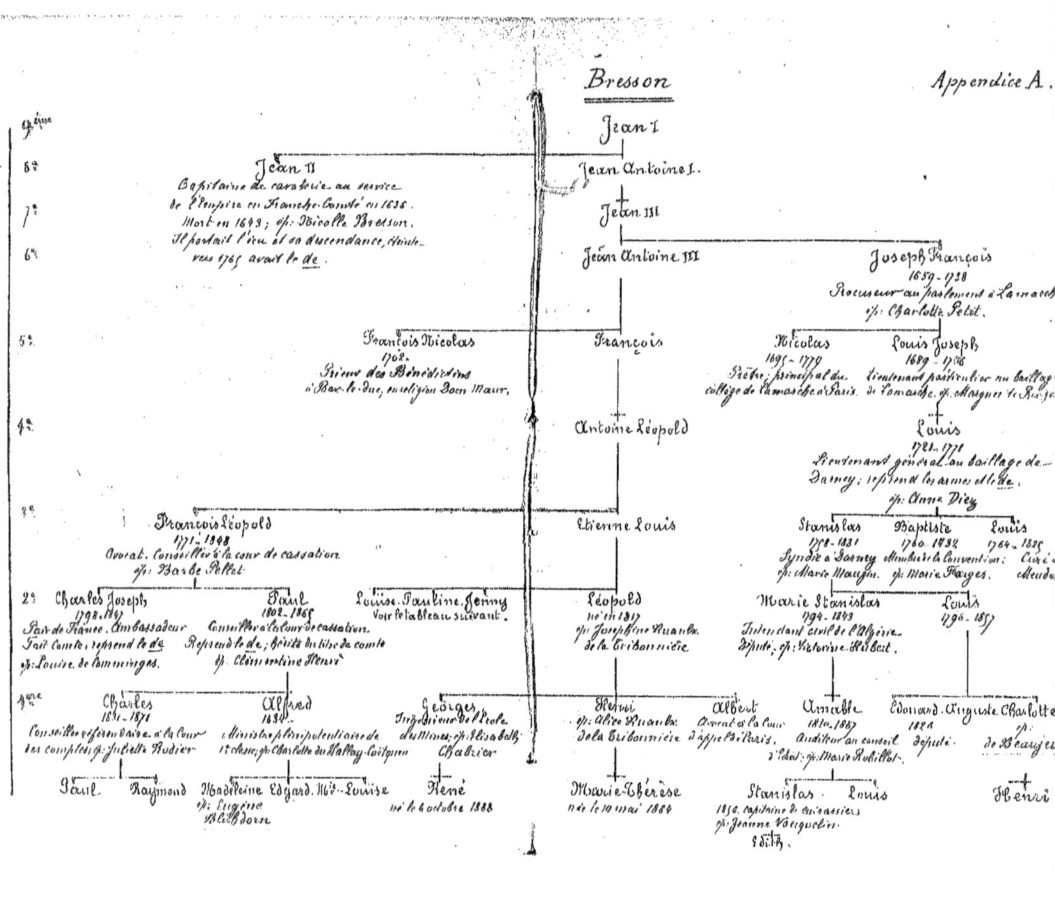

Bresson
Appendice A.
9ème
8e
7e
6e
5e
4e
3e
2e
1ère
Jean I
Jean II
Capitaine de cavalerie au service de l'Empire en Franche-Comté en 1635. Mort en 1643; ép: Nicolle Bresson. Il portait l'écu et sa descendance, dès vers 1765 avait le de.
Jean Antoine I.
Jean III
Jean Antoine III
Joseph François
1659 - 1738
Procureur au parlement à Lamarche
ép: Charlotte Petit.
François Nicolas
1708.
Prieur des Bénédictins à Bar-le-Duc, en religion Dom Maur.
François
Nicolas
1695 - 1779
Prêtre; principal du collège de Lamarche à Paris.
Louis Joseph
1689 - 1756
Lieutenant particulier au baillage de Lamarche. ép. Marguerite Roger
Antoine Léopold
Louis
1721 - 1771
Lieutenant général au baillage de Darney; reprend les armes et le de.
ép: Anne Diez
François Léopold
1771 - 1848
Avocat. Conseiller à la cour de cassation.
ép: Barbe Pellet
Etienne Louis
Stanislas
1758 - 1831
Syndic à Darney
ép: Marie Maugin.
Baptiste
1760 - 1832
Membre de la Convention;
ép: Marie Farges.
Louis
1764 - 1825
Curé à Meudon
Charles Joseph
1798 - 1847
Pair de France. Ambassadeur. Fait Comte; reprend le de.
ép: Louise de Comminges.
Paul
1802 - 1865
Conseiller à la cour de cassation. Reprend le de; hérite du titre de comte
ép. Clémentine Henri
Louise. Pauline. Jenny
Voir le tableau suivant.
Léopold
né en 1817
ép: Joséphine Nuauls de la Tribonnière
Marie Stanislas
1794 - 1849
Intendant civil de l'Algérie. Député; ép: Victorine Hébert.
Louis
1795 - 1857
Charles
1831 - 1871
Conseiller référendaire à la Cour des comptes; ép: Juliette Rodier
Alfred
1838.
Ministre plénipotentiaire de 1re classe; ép: Charlotte du Halley-Coëtquen
Georges
Ingénieur de l'Ecole des Mines; ép: Elisabeth Chabrier
Henri
ép: Alice Nuauls de la Tribonnière
Albert
Avocat à la Cour d'appel de Paris.
Amable
1820 - 1887
Auditeur au conseil d'Etat; ép: Marie Robillet.
Edouard. Auguste
1826
député
Charlotte
ép: de Beaujeu
Paul
Raymond
Madeleine
ép: Eugène Blindhorn
Edgard.
Mie Louise
René
né le 6 octobre 1888
Marie-Thérèse
née le 10 mai 1884
Stanislas
1850, capitaine de cuirassiers
ép: Jeanne Vauquelin.
Edith.
Louis
Henri

A b

A tc

A 4

Bresson (Suite) Appendice A bis

comme le tableau précédent jusqu'à la 3ème génération:

Etienne Louis Bresson (branche aînée)

3ème — Etienne Louis

2e — Louise, ép: Louis Pommier, médecin — Pauline, ép: Edouard d'Halle Eloy, percepteur — Jenny, ép: Paul Pommier, percepteur — Léopold, Voir le tableau précédent

1ère — Henri, médecin de la marine (fils de Louise) — Berthe, ép: Jean Paquier, Docteur ès-lettres, Professeur d'Histoire et de géographie (fille de Pauline) — Léopold, ex-interne des Hôpitaux, ép: Joséphine Bégard (fils de Jenny)

Enfants de Berthe: Germaine — Pauline

Bresson (Suite) Appendice A ter

comme le tableau précédent

jusqu'à la 3ème génération :

Baptiste Bresson (branche cadette)

3ème

Jean Baptiste
1760-1832. Membre de la Convention nationale
Proscrit en 1793. Membre du conseil des Cinq-Cents.
Chef de la division des fonds aux affaires étrangères.
ép: Marie Farges

2e

Fédora
ép: N... de Montjoyeux

1e

Hélène
ép: Odon, comte de Preissac
ancien préfet, sénateur de Tarn et Garonne, commandeur de la Légion d'honneur

Edmée
ép: N... marquis de Rocheguде

Y..........
ép: Eugène de Marveille

Maurice — Henry — Edmée

Bresson (Suite et fin)

Appendice A 4e

comme le tableau A

jusqu'à la 5e génération

Louis Joseph Bresson (branche cadette)

5ème Louis Joseph

4e Catherine Eléonore ép: Jean Baptiste Diez — Louis reconnu noble en 1765 etc.. — etc.

3e Anne Marguerite Eléonore ép: Pierre Nicolas de Bourgogne

2e Nicolas Justin marié deux fois.

1er lit: Amable, Louise, Théodore — 2e lit: Frédéric ép: Amélie Golzein de Thélod

1e Amable — Louise — Théodore — Frédéric

Enfants de Frédéric: Jeanne — Elisabeth — Justin

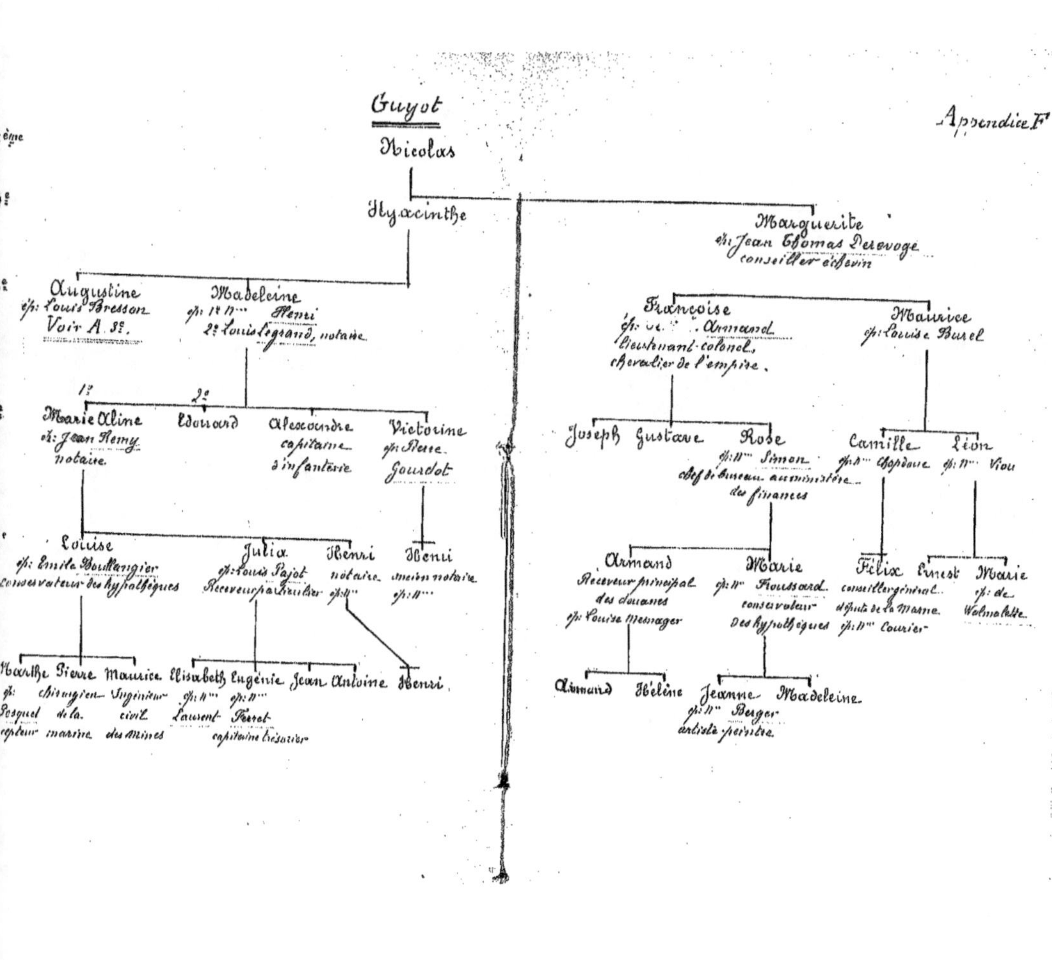
Guyot
Appendice F
5ème
4e
3e
Nicolas
Hyacinthe
Marguerite
ép: Jean Thomas Derevoge
conseiller échevin
Augustine
ép: Louis Bresson
Voir A. 3e.
Madeleine
ép: 1e M. Henri
2e Louis Legrand, notaire
Françoise
Armand
lieutenant-colonel,
chevalier de l'empire.
Maurice
ép: Louise Burel
Marie Aline
ép: Jean Remy
notaire.
Edouard
Alexandre
capitaine
d'infanterie
Victorine
ép: Pierre
Gourdot
Joseph
Gustave
Rose
ép: M. Simon
chef de bureau au ministère
des finances
Camille
Chapdone
Léon
Viou
Louise
ép: Emile Boullangier
conservateur des hypothèques
Julia
ép: Louis Pajot
Receveur particulier
Henri
notaire
Henri
ancien notaire
Armand
Receveur principal
des douanes
ép: Louise Mesnager
Marie
ép: M. Froussard
conservateur
des hypothèques
Félix
conseiller général
député de la Marne
ép: M. Courier
Ernest
Marie
ép: de
Walmalette
Marthe
Pierre
chirurgien
de la
marine
Maurice
Ingénieur
civil
des mines
Elisabeth
ép: M. Laurent
Eugénie
ép: M. Perret
capitaine trésorier
Jean
Antoine
Henri
Armand
Hélène
Jeanne
ép: M. Berger
artiste peintre
Madeleine

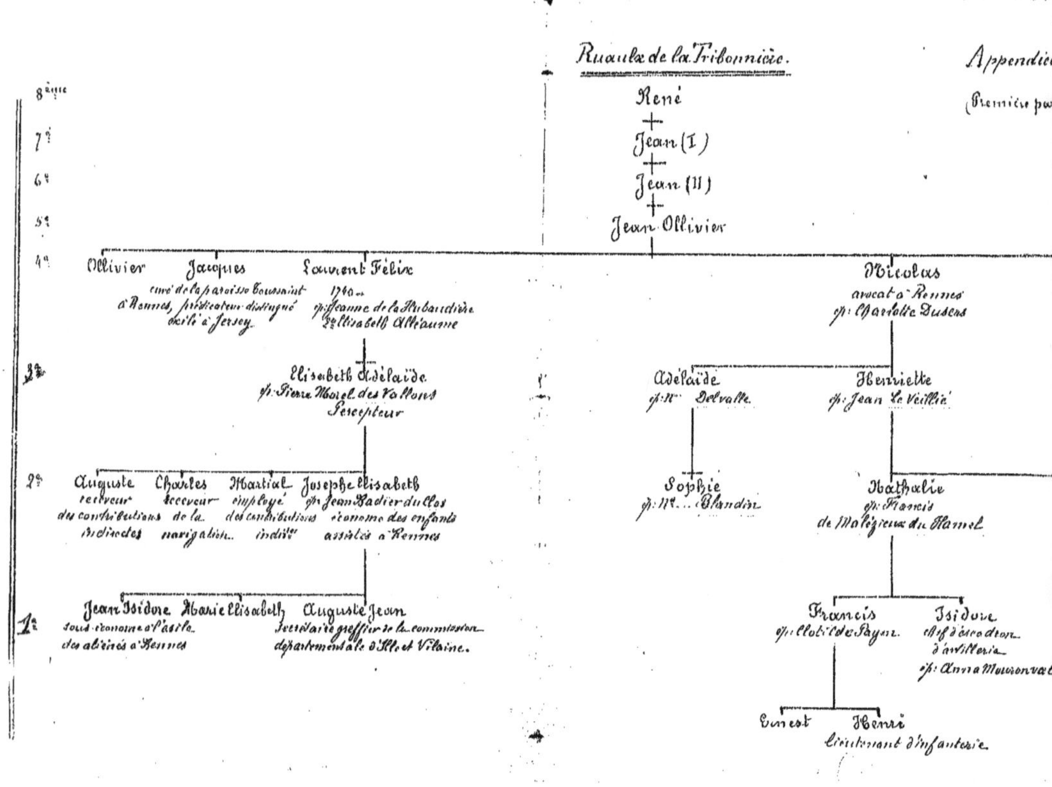

Ruaulx de la Tribonnière.
Appendice
(Première pa
8ème
René
7e
Jean (I)
6e
Jean (II)
5e
Jean Ollivier
4e
Ollivier
Jacques
curé de la paroisse Toussaint à Rennes, prédicateur distingué exilé à Jersey.
Laurent Félix
1740
ép. Jeanne de la Hubaudière
2e Elisabeth Alléaume
Nicolas
avocat à Rennes
ép. Charlotte Dusers
3e
Elisabeth Adélaïde
ép. Pierre Morel des Vallons
Percepteur
Adélaïde
ép. Mr Delvalle.
Henriette
ép. Jean Le Veillié
2e
Auguste
receveur des contributions indirectes
Charles
receveur de la navigation.
Martial
employé des contributions indtes
Josephe Elisabeth
ép. Jean Badier du Clos
économe des enfants assistés à Rennes
Sophie
ép. Mr... Blandin
Nathalie
ép. Francis de Malézieux du Hamel
1e
Jean Isidore
sous-économe à l'asile des aliénés à Rennes
Marie Elisabeth
Auguste Jean
secrétaire greffier de la commission départementale d'Ille et Vilaine.
Francis
ép. Clotilde Payen.
Isidore
chef d'escadron d'artillerie
ép. Anna Mouronval
Ernest
Henri
lieutenant d'infanterie.

Ruaulx de la Tribonnière (Suite)

comme le tableau précédent jusqu'à la 5ème génération :

ème (Suite)

Elisabeth
ép: Mlle Robiou de la Haye

Joseph Louis

Aimée
ép: Jacques Cte de Coucy

Thérèse
ép: Mr Malgrange

Théodore

Flore

Jacques

Léon
ép: Alice du Batellier

Marie
ép: Ernest Hardy chef des travaux chimiques de l'Académie de Médecine de Paris.

Gaston
capitaine instructeur au 13e d'artillerie à Vincennes
ép: Esther Worms de Romilly

Paul
Père de la Société de Jésus

Aline
ép: Henri Bresson.
Voir A. 1re.

Joséphine
ép: Léopold Bresson.
Voir A. 2e.

Joseph Marie
ép: Flore de Vausello

ème

(Suite)

Victor (Le Veillié)
ép: Anne Redoulès

ère

Gustave
Receveur des finances
ép: Mlle le Verger

Gustave

Henri
ép: Mlle Lacère

Albert
ép: Judith Nicolas

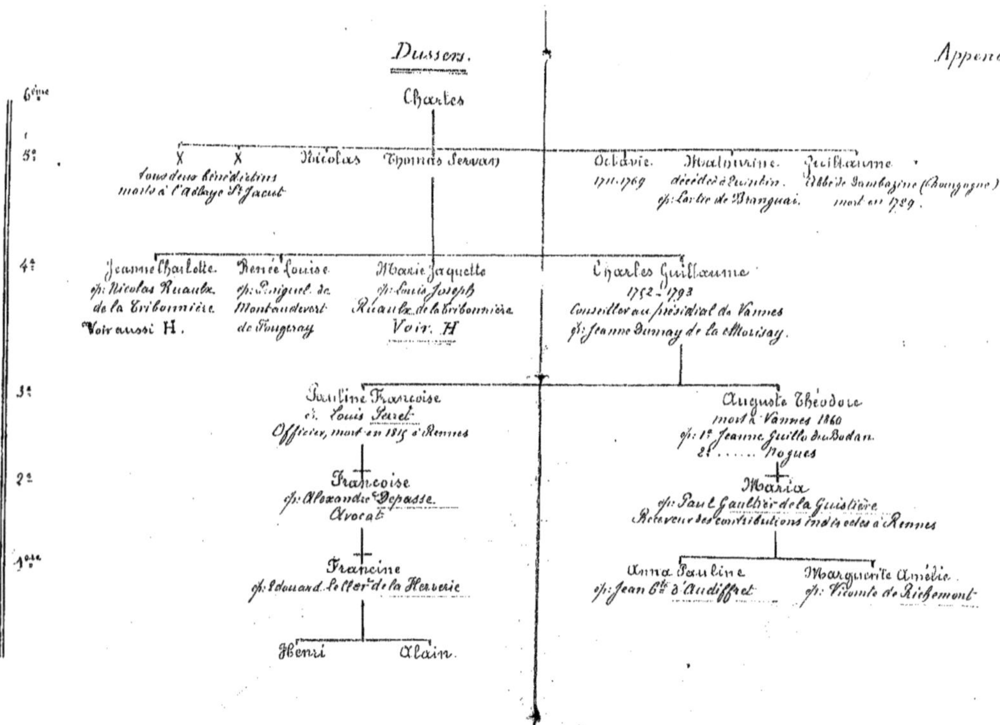

Dussers.
Appendice I
6ème
Charles
5e
X X
tous deux bénédictins
morts à l'Abbaye St Jacut
Nicolas
Thomas Servan
Octavie
1711-1769
Mathurine
décédée à Quintin
Guillaume
mort en 1789.
4e
Jeanne Charlotte
ép: Nicolas Ruaulx
de la Tribonnière
Voir aussi H.
Renée Louise
de Fougeray
Marie Jaquette
ép: Louis Joseph
Ruaulx de la Tribonnière
Voir H
Charles Guillaume
1752-1793
Conseiller au présidial de Vannes
ép: Jeanne Dumay de la Morisay.
3e
Pauline Françoise
ép. Louis Sarel
Officier, mort en 1815 à Rennes
Auguste Théodore
mort à Vannes 1860
ép: 1° Jeanne Guillo du Bodan.
2° ..... Rogues
2e
Françoise
ép: Alexandre Depasse
Avocat
Maria
ép: Paul Gaultier de la Guistière
Receveur des contributions indirectes à Rennes
1ère
Francine
Anna Pauline
ép: Jean Cte d'Audiffret
Marguerite Amélie
ép: Vicomte de Richemont
Henri
Alain.

Le Boucher

- Louis (I)
  - Pierre
    - Jean
      - Nicolas
        - Louis (II)
          - **François**, Sieur du Haut-Val
            - **Louis**, Professeur de langues à la Sorbonne.
          - **Daniel**, ép: 1° Marie Dieulevent, 2° Anne Guyon des Rochettes
            - **Augustine**, ép: Nicolas Boucher, Vérificateur de l'enregistrement
              - Louis
              - **Léontine**, ép: René de Lécluze de Longraye, Clécumaux.
                - René, Chirurgien de la marine.
                - Marie, Léontine, Religieuses
                - Augustine, ép: Antoine Fournier, aide commissaire de la marine.
                - Amélie
            - **Marie**, ép: Jacques Renault de la Teiborinière. Voir II, 3°.
            - **Augustin**, 1786–1867: Chirurgien major de la garde impériale et des hôpitaux à Dresde, ép: Eugénie Gaultier
              - Eugénie, ép: Jean de Molther, avocat.
              - Emilie, ép: Armand de Roijd.
              - Léonie, ép: Léon baron Daumesnil, caissier à la Banque de France.
                - **Blanche**, ép: Edouard baron Tirion, chef de bataillon d'infanterie à Vannes.
                  - Yvonne
                  - Saubade.
            - **Théodore**, ép: Elisabeth de Lécluse
              - Elisabeth, ép: Poissy, capitaine d'infanterie
              - Théodora
              - Frédéric, ép: 1° Amélie de Lécluse, 2° Marie Allain
                - Augustin
                - Elisabeth
                - Marcel
                - Daniel
            - **Isidore**, officier de la garde.

K.

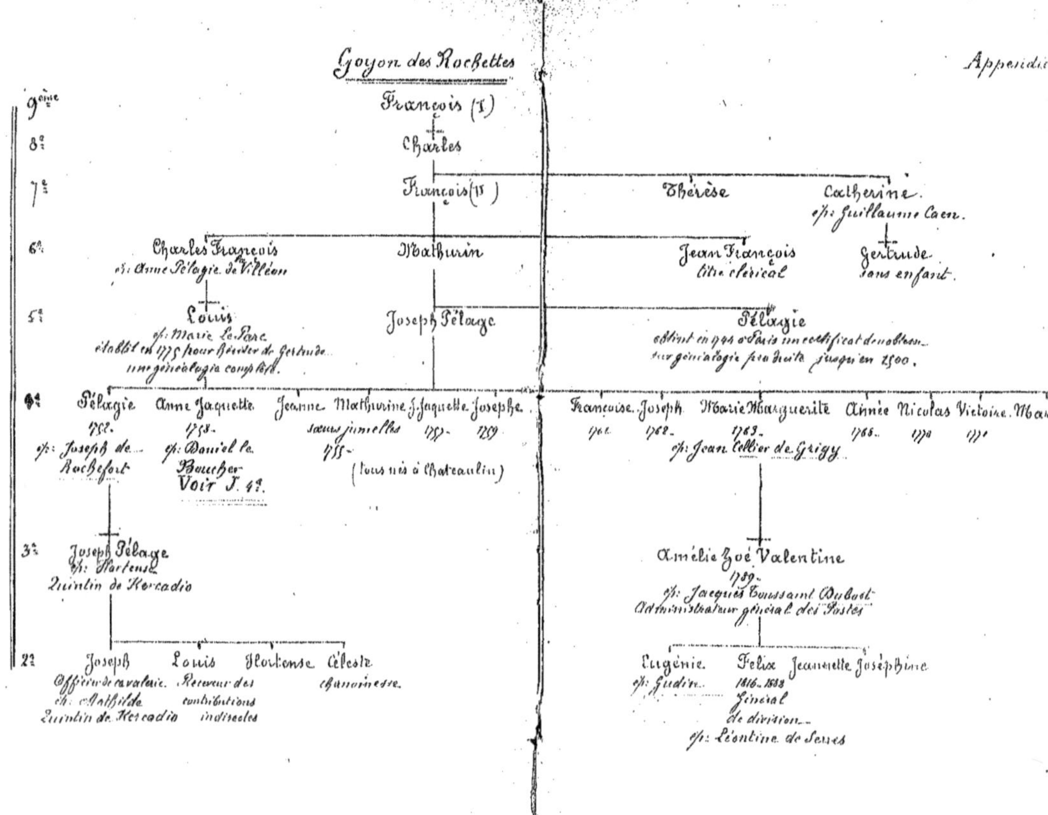

Goyon des Rochettes
Appendice
9ème
François (I)
8è
Charles
7è
François (II)
Thérèse
Catherine
ép: Guillaume Caen.
6è
Charles François
ép: Anne Pélagie de Villéon
Mathurin
Jean François
titre clérical
Gertrude
sans enfant.
5è
Louis
ép: Marie Le Parc
établit en 1775 pour héritier de Gertrude une généalogie complète.
Joseph Pélage
Pélagie
obtint en 1744 à Paris un certificat de noblesse sur généalogie produite jusqu'en 1500.
4è
Pélagie
1752.
ép: Joseph de Rochefort
Anne Jaquette
1758.
ép: Daniel le Boucher
Voir J. 4è.
Jeanne
Mathurine
sœurs jumelles
1755.
J. Jaquette
1757.
Josephe.
1759
(tous nés à Chateaulin)
Françoise.
1761
Joseph
1762.
Marie Marguerite
1763.
ép: Jean Cellier de Grigy
Aimée
1766.
Nicolas
1770
Victoire.
1771
Mar
3è
Joseph Pélage
ép: Hortense Quintin de Kercadio
Amélie Zoé Valentine
1789.
ép: Jacques Toussaint Dubost
Administrateur général des Postes
2è
Joseph
Officier de cavalerie.
ép: Mathilde Quintin de Kercadio
Louis
Receveur des contributions indirectes
Hortense
Céleste
chanoinesse.
Eugénie.
ép: Gudin.
Felix
1816-1888
Général de division.
ép: Léontine de Serres
Jeannette
Joséphine

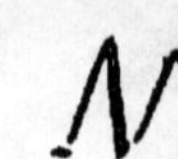

Maufras du Chatellier

Appendice N

Jean

Louis — Anne Louise 1720 — Elisabeth 1721 — Morin 1724

4°

Louis François — Marguerite 1748-1752 — Pierre 1749-49 — Gillonne 1750-1832 — Jeanne 1751-1817 ép: Mme de la Rue — Marie 1752-1813 — Anne 1753-1833 ép: Charles Boursin

3°

Louis 1791-1812 hussard de la garde mort en Russie — Caroline 1793 — Sophie 1796-1879 ép: Joachim Lanven — Isidore

René Louis

Louise 1795-95 — Armand René — Louise 1799-1802 — Eugénie Marie 1804-1885 ép: Joseph de Lécluse

Alice ép: Léon Ruaulx de la Tribonnière Voir H, 2. — Armand Paul ép: Marie Rivouart d'Hérouville. — Armande ép: Emile Ducrest de Villeneuve. ancien préfet.

Camille ép: Parfait Valette président au tribunal de Lannion. — Emile ép: 1° Louise Tassel 2° Caroline Lanton.

René — Pauline — Armand René — Anna — Marguerite

Marie — Olivier — Laure ép: Mr Baron Brullé — Roger

Antoinette — Germaine

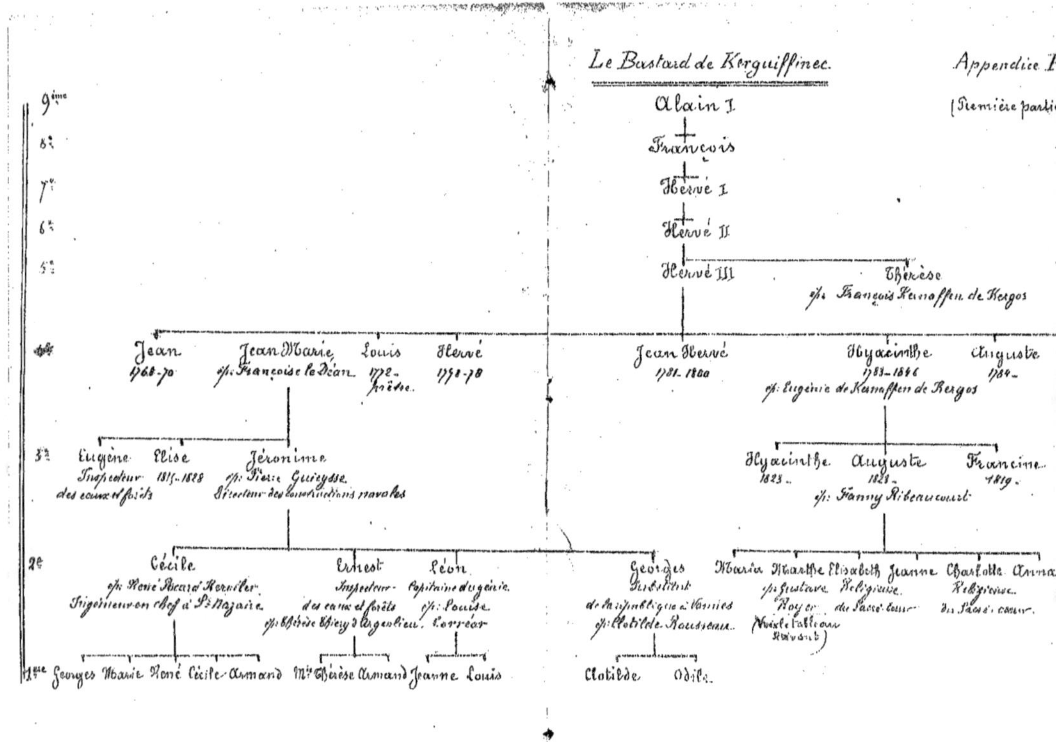
Le Bastard de Kerguiffinec.
Appendice I
(Première partie
9ème
8e
7e
6e
5e
4e
3e
2e
1ère
Alain I
François
Hervé I
Hervé II
Hervé III
Thérèse
ép: François Kermoffen de Kergos
Jean
1768-70
Jean Marie
ép: Françoise le Déan
Louis
1772-
prêtre.
Hervé
1778-78
Jean Hervé
1781-1800
Hyacinthe
1783-1846
ép: Eugénie de Kermoffen de Kergos
Auguste
1784-
Eugène
Inspecteur
des eaux et forêts
Elise
1815-1828
Jéronime
ép: Pierre Guieysse
Directeur des constructions navales
Hyacinthe
1823-
Auguste
1821-
ép: Fanny Ribeaucourt
Francine
1819-
Cécile
ép: René Picard Herviler
Ingénieur en chef à St Nazaire
Ernest
Inspecteur
des eaux et forêts
ép: Thérèse Thiery d'Argenlieu.
Léon
Capitaine du génie.
ép: Louise
Corréar
Georges
Substitut
de la république à Vannes
ép: Clotilde Rousseau
Maria
Marthe
ép: Gustave
Royer
(Voir le tableau suivant)
Elisabeth
Religieuse
du Sacré cœur
Jeanne
Charlotte
Religieuse
du Sacré cœur
Anna
Georges
Marie
René
Cécile
Armand
Mie Thérèse
Armand
Jeanne
Louis
Clotilde
Odile

Le Bastard de Kerguiffinec (Suite)

comme le tableau précédent
jusqu'à la 5ème génération.

4e (Suite)

- N***
- Jacquette, ép: Germain Leysségues de Rozaven
- Marie, 1765-65, ép: Rouffet de Kerambourg
- Jeanne
- Reine, 1769-1845, ép: Henri Maufras du Chatellier. Voir N. 4e.
- Aline, 1769.
- Elisabeth
- Mlle Elisabeth
- Jeanne
- N***

3e

- Germain, ép: N*** Avril
- Théodore, commissaire de la marine, ép: Laure le Clerc de Fresnes
- Anastasie, ép: N*** Fournier de Pescaye
- Jeannette, ép: N*** Aubert de Vincelles

2e

- Paul, ép: N*** de Solminihac
- Louise, ép: Auguste de Solminihac
- Laure, Dame de la retraite à Quimper
- Louise, ép: Gustave Royer, colonel d'artillerie

1ère

- Henri, capitaine d'infanterie
- Gustave, ép: Marthe de Kerguiffinec (tableau précédent)
- Georges, lieutenant d'infanterie
- Emile, capitaine du génie à Paris, ép: 1° Marie Duverlé, 2° Marie Frigeaux

Enfants de Gustave: Gustave, Louis, Emile, Georges, Henri, Etienne.

Enfants d'Emile: Marie-Anne, Louise.

V

Huard

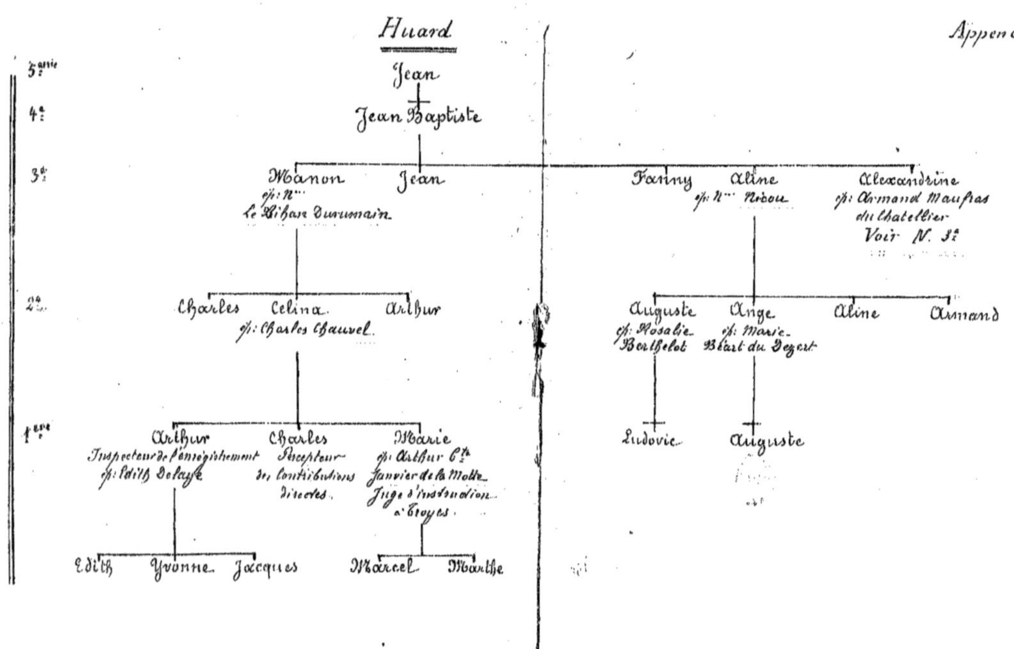

5e génie
4e
3e
2e
1ère
Jean
Jean Baptiste
Manon
ép: Nes
Le Lihan Durumain
Jean
Fanny
Aline
ép: Nes Nicou
Alexandrine
ép: Armand Maufras du Chatellier
Voir N. 3e
Charles
Celina
ép: Charles Chauvel
Arthur
Auguste
ép: Rosalie Berthelot
Ange
ép: Marie Béart du Dezert
Aline
Armand
Arthur
Inspecteur de l'enregistrement
ép: Edith Delaye
Charles
Receveur des contributions directes.
Marie
ép: Arthur Cte Janvier de la Motte
Juge d'instruction à Troyes.
Ludovic
Auguste
Edith
Yvonne
Jacques
Marcel
Marthe

Le Goff

Appendice Z.

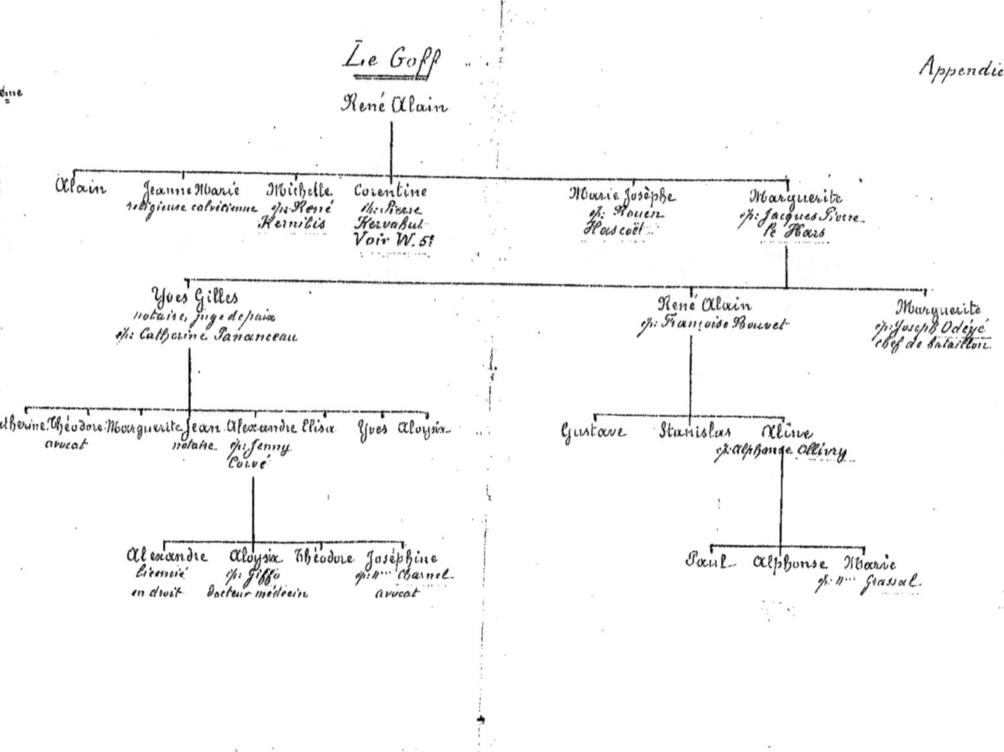

Armoiries retrouvées des Familles ascendantes

Signes conventionnels des couleurs employées pour le blason.

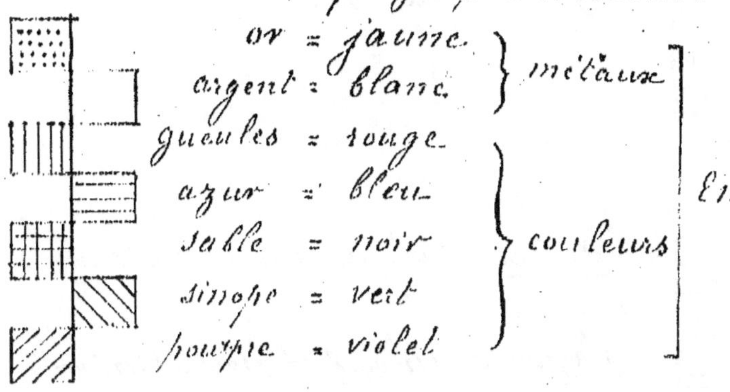

1ère Division

A

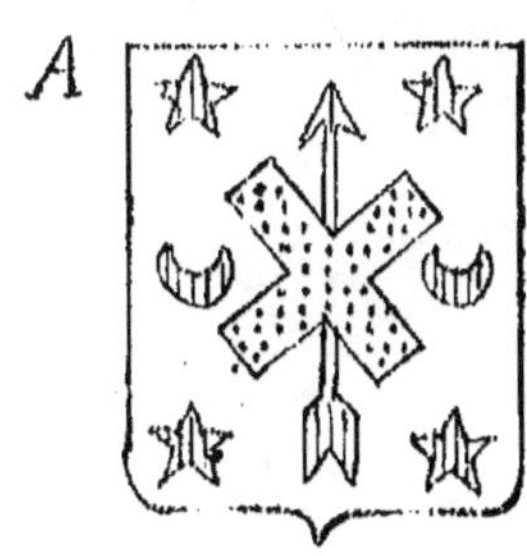

Bresson : (depuis 1636 et lettres patentes 1765 et 1838 pour branches collatérales) d'argent à une flèche de gueules posée en pal la pointe en haut, chargée d'une croix de Bourgogne d'or, terminée à chaque pointe d'une étoile aussi de gueules et cantonnée de deux croissans de même l'un à dextre, l'autre à sénestre.

B

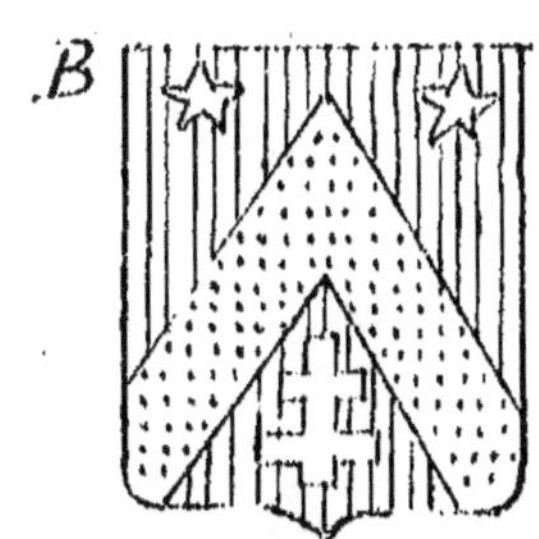

Baudel : (Dom Pelletier 715) de gueules au chevron d'or, accompagné en chef de deux étoiles d'argent et en pointe d'une croix de Lorraine de même.

IIème Division.

H 

Ruaulx de la Liboonnière: (d'après un cachet communiqué)
d'azur à deux chats d'argent.

I 

Busers: (d'après un dessin communiqué)
d'azur à un cerf et un palmier d'argent.

J 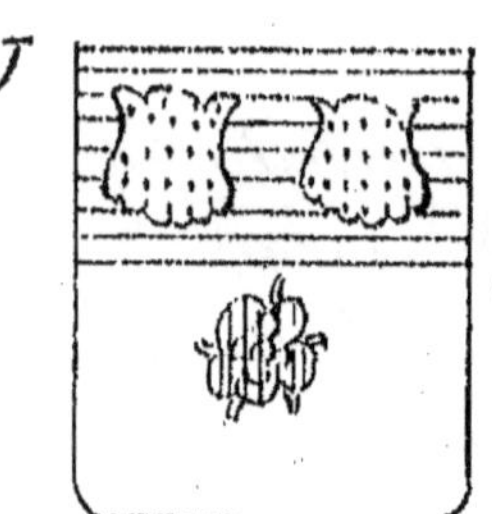

Le Boucher: (arrêt du 3 juin 1667)
d'azur à deux coquilles d'or, coupé d'argent à une rose de gueules.

K 

Goyon: (depuis 1075 et dans presque tous les armoriaux)
d'argent au lion de gueules couronné d'or.

IIIème Division

N 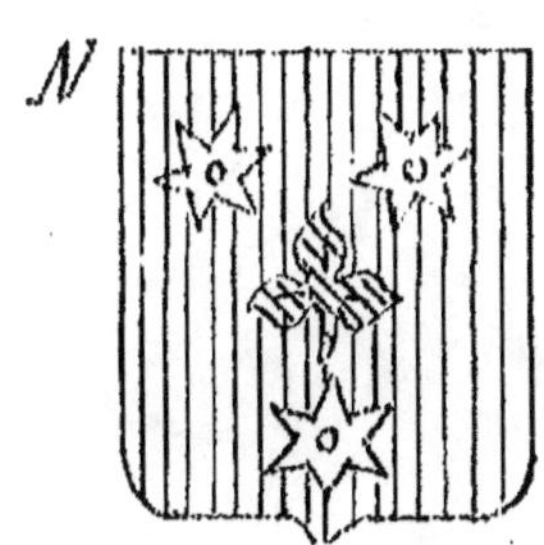

Maufras du Chatellier : (selon un cachet communiqué)
de gueules à un trèfle de sinople accompagné de trois molettes d'éperon d'argent.

P 

Le Bastard : (concédé en 1429 ; généalogie Le Bastard, Paris 1849)
d'or à l'aigle d'empire : mi-parti d'azur, à la fleur de lis d'or.

Q 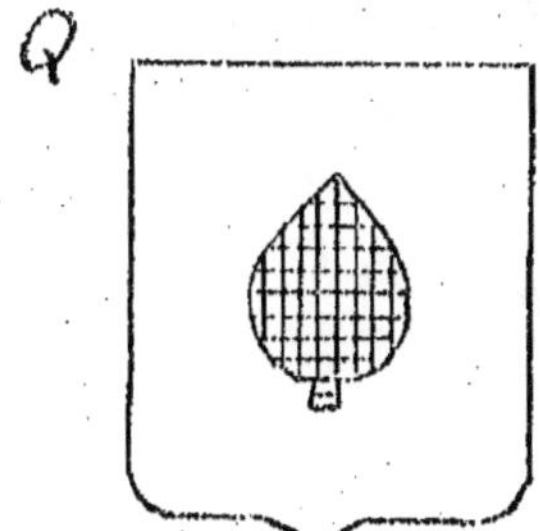

Cozic : (selon généalogie Le Bastard)
d'argent, à la pomme de pin de sable.

R 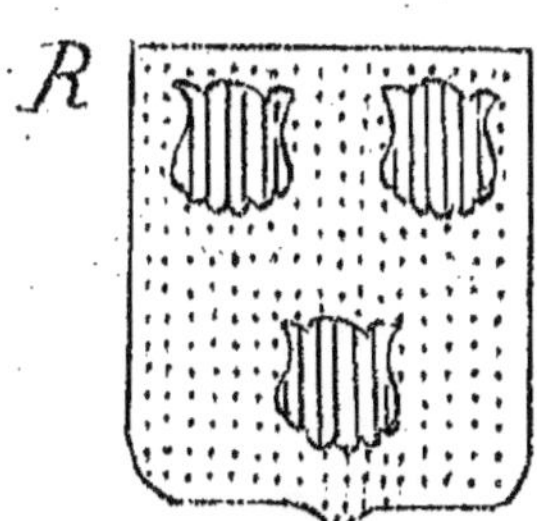

Le Querré : (selon généalogie Le Bastard)
d'or à trois coquilles de gueules.

(R) 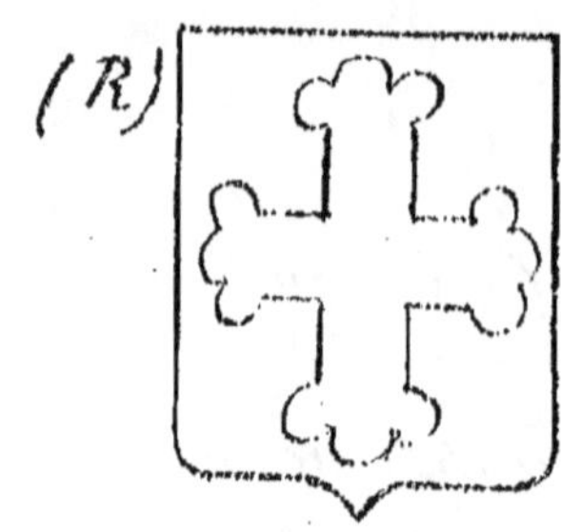

Biger : (selon généalogie Le Bastard) de .... à la croix tréflée de ......

S 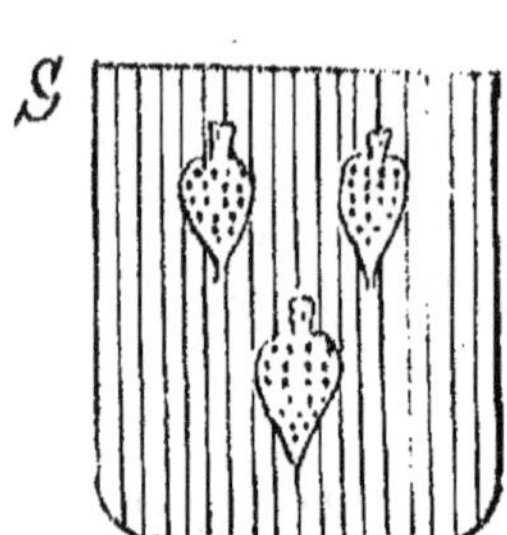

Corbet : (selon généalogie Le Bastard) de gueules à trois pommes de pin d'or.

T 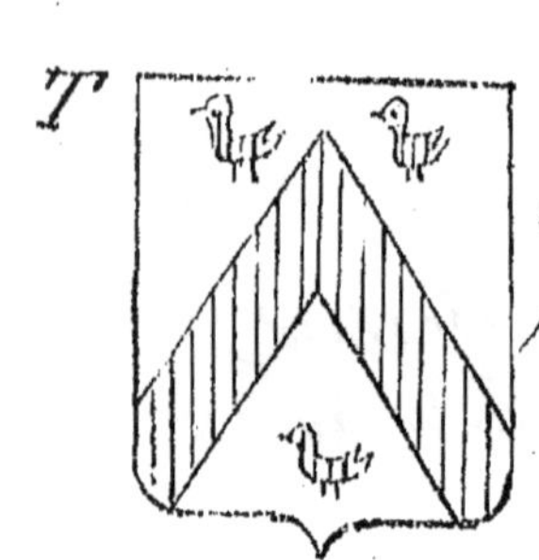

Gouëznon : (selon généalogie Le Bastard) d'argent au chevron de gueules accompagné de trois merlettes de même.

Observations sur le tableau de la Généalogie ascendante.

Marie Thérèse Bresson, qui a servi de point de départ à cette étude, est portée au bas de ce tableau, qui comprend tous ses ascendants retrouvés jusqu'à la 9ème génération; la IIème division qui correspond à la deuxième partie de la Notice est commune à son père et à sa mère, par le fait du mariage entre cousins-germains.

Les hommes étant placés à gauche, on suit dans la première branche A. le nom patronymique de l'enfant. Le nom de la femme, écrit en rouge, est juxtaposé à celui de son mari; la date en rouge est aussi celle de leur mariage.

L'enfant, placé au dessous, formé pour ainsi dire par deux affluents, donne lui-même naissance à un courant qui s'élargit avec le nombre des ascendants.

Les lettres capitales des Branches correspondent à celles de la Notice, ainsi que les numéros des Générations.

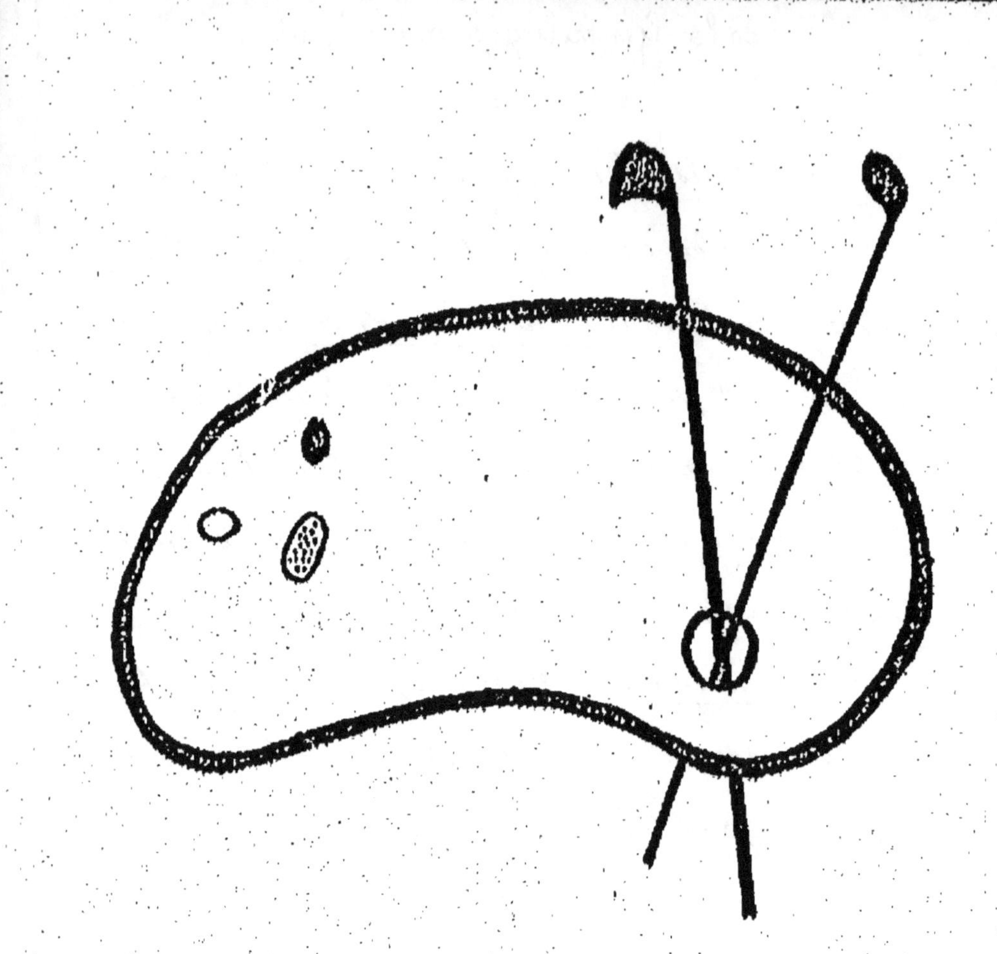

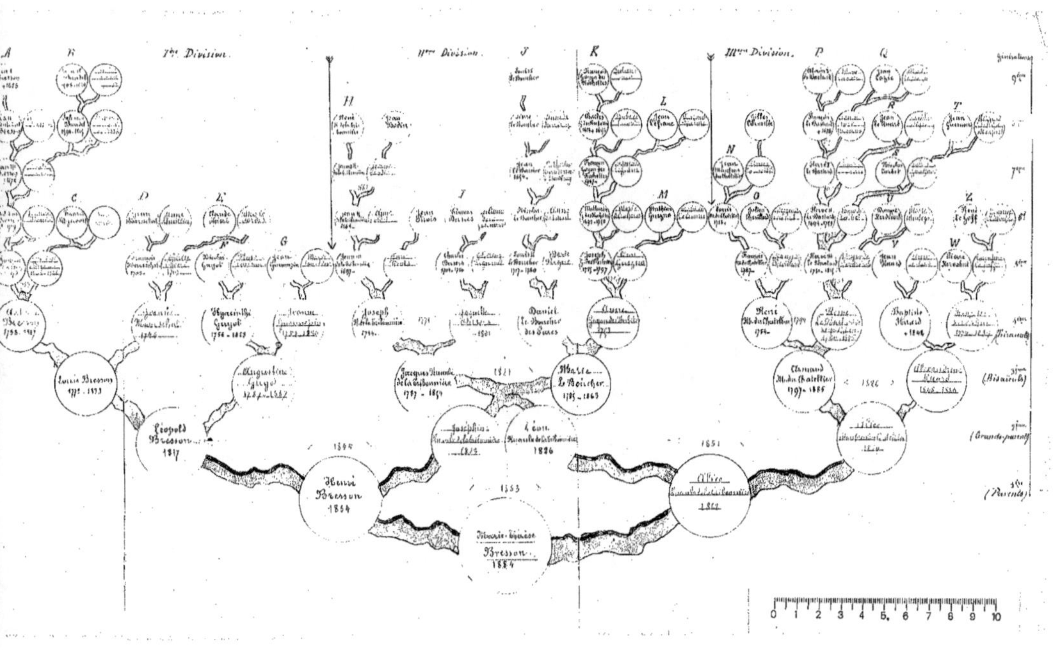

Iʳᵉ Division
IIᵉᵐᵉ Division
IIIᵉᵐᵉ Division
Louis Bresson
Léopold Bresson 1817
Augustine Guyot
Henri Bresson 1854
Joseph
Daniel Le Boucher des Tures
Marie Le Boucher 1785 - 1863
Léon 1826
Clément
Alice 1862
Marie-Thérèse Bresson 1884
0 1 2 3 4 5 6 7 8 9 10

www.ingramcontent.com/pod-product-compliance
Lightning Source LLC
LaVergne TN
LVHW020436230826
846091LV00004B/1507